weltreisen

Falk Werner / Jennifer Fizia

weltreisen

365 TAGE
DER SONNE HINTERHER

mitteldeutscher verlag

INHALT

Eine Weltreise beginnt lange vor dem Abflug

Wir machen eine Weltreise! Wir fahren einfach los. Wir packen unsere sieben Sachen, steigen in den Flieger und weg sind wir! Diese Sätze hat vermutlich jeder schon einmal so oder ähnlich vor sich hingemurmelt. Kurz darauf spüren wir das Blut heißer und schneller werden, das Herz pocht, der Puls rast. Eine Weltreise-Euphorie-Welle rollt auf uns zu und packt uns. Sie kommt meist plötzlich und unerwartet. In den unterschiedlichsten Situationen: Entweder, wenn alles prima läuft und man genug Geld auf der Kante hat, um eine Reise zu finanzieren. Oder wenn im Berufs- oder Liebesleben mal wieder alles schiefgeht und man dem Alltag einfach nur noch entfliehen möchte. Die Welt scheint sich dann für alles zu öffnen. Plötzlich sieht man sich im tiefen Dschungel von Liane zu Liane hangeln, auf verschneite Berge kraxeln und in vor Hitze glühende Canyons hinabsteigen. Der Fantasie sind keine Grenzen gesetzt.

Doch leider verebbt diese Welle der Euphorie bei vielen wieder so schnell, wie sie aufgebraust ist. 99 Prozent aller Weltreiseideen lösen sich binnen weniger Tage, manchmal sogar innerhalb weniger Stunden und Minuten, in Luft auf. Wenn überhaupt hört man sich dann nur noch leise flüstern: „Eine Weltreise wäre mein großer Traum." Viele wird dieser Satz bis an ihr Lebensende verfolgen.

Wir, Jenni und Falk, verwirklichen uns den Traum. Wir gehören zu diesem einen Prozent, das auf der Euphorie-Welle einfach weitersurft und nicht wieder in den Sumpf des Alltags zurücktaucht. Wir sind deshalb keine Superfrau und kein Supermann. Wir sind lediglich fest entschlossen, eine Weltreise zu unternehmen – komme, was wolle!

Der Weg bis zum Start einer Weltreise ist der wohl schwierigste Teil dieser Unternehmung. Es ist ein steiniger Weg, auf dem viele

Hürden genommen werden müssen. Ein Dutzend dieser wichtigen Hürden haben wir herausgepickt und Lösungsansätze gesucht und gefunden – Tipps für jedermann, wenn man so will –, die uns bis zum Ausgangspunkt bringen werden: zum Flughafen. Denn von hieraus startet unsere Tour in die weite Welt. Diese Tipps sind die wichtigsten Schritte hin zu einer Weltreise. Damit wir am Ende alle sagen können: „Jetzt geht's los!"

Am Anfang steht der Traum

Die erste Hürde hat bereits jeder genommen, der sich dieses Buch gekauft hat. Denn die Idee zu einer Weltreise ist geboren; der wichtigste Schritt somit getan. So unterschiedlich die Beweggründe für den einen oder anderen bis hierhin gewesen seien mögen: Der Gedanke, eine Weltreise zu unternehmen, kommt nicht ohne Grund. Uns begleitet dieser Wunsch seit frühster Jugend. Aber erst durch unser Kennenlernen entwickelte sich aus dem Traum ein gemeinsames Vorhaben.

Im ersten Moment sieht man die Unmengen von Fragen rund ums Reisen, die sich in den kommenden Monaten stellen werden, nicht. Das Träumen steht im Mittelpunkt.

Doch leider kommen mit der Zeit immer häufiger Fragen zur Realisierbarkeit einer Weltreise auf. Eine Frage scheint dabei besonders relevant zu sein, die nach der eigenen Zukunft. Eine Weltreise bedeutet, sein gesamtes Lebenskonzept auf den Kopf zu stellen. Seine hart erarbeitete Unabhängigkeit setzt man aufs Spiel, wenn man die Wohnung ausräumt, sich vom Handy lösen muss und seinen Job kündigt.

Als Falk sich überlegte, die Arbeit aufzugeben, suggerierte ihm mancher Kollege: „Dann bist du raus, Junge. Die Kontakte werden wegbrechen. Man wird dich vergessen." Dass Falk an diesem Pessimismus nicht zerbrach, verdankt er überraschenderweise seinem Chef. Der meint: "Who is killing the idea? The fear!" Auf Deutsch: „Wer vernichtet die Idee? Es ist die Angst." Falks Chef machte ihm

Mut: „Eine Weltreise ist kein schwarzer Fleck im Lebenslauf, sondern ein Farbtupfer." Und dann führte er aus: „Eine Weltreise ist eine Weiterbildung, die dir Lebenserfahrung bringt. Einmal um den Globus getourt, kommst du als frisch gebackener Lebensgeist wieder zurück nach Hause. Und dann hoffentlich auch wieder zurück zu mir." Eine Weltreise kann man also auch nutzen, um aus dem vermeintlichen Karriereknick einen steilen Aufstieg zu machen.

Sobald man das Träumen beendet hat und seine Idee offen nach außen trägt, muss man Fürsprecher suchen, die einem über jeden Zweifel und über die Angst hinweghelfen. Manchmal sind es Freunde oder Arbeitskollegen, häufig ist es die Familie und hin und wieder sogar der Chef. Man wird auf mehr interessierte Zuhörer stoßen als auf Neider. Denn eine Weltreise setzt großen Mut voraus und diese Tugend ist in jeder Gesellschaftsschicht geachtet. Mit den richtigen Fürsprechern ist es nun ganz leicht, seine Wünsche aufs Weltreisen zu programmieren. Damit beginnt das Abenteuer.

Den roten Faden finden

Als wir mit Schritt drei beginnen, färben sich bereits die Blätter bunt. Es ist Herbst. Seit unserer Weltreiseidee im Sommer sind schon fünf Monate ins Land gezogen. Die Woge der Begeisterung ebbte zwischenzeitlich ein wenig ab. Doch heute sitzen wir wieder gemütlich am Tisch und grübeln über unserem Reiseplan. In der Küche kocht derweil das Wasser im Teekessel. Draußen ist es ungemütlich, es regnet und ist kalt.

Mit einem Globus auf dem Tisch machen wir uns ans Werk. Weltweit zählen wir fast 200 Staaten – dazu gesellen sich unabhängige Länder und unzählige Inseln. Es ist nicht zu schaffen, die ganze Welt zu bereisen. Aber wo liegen unsere Prioritäten? Jenni zeigt auf Neuseeland, dann auf Südafrika und weiter auf Kanada. Jeder hat seine Traumziele. Diese alle unter einen Hut zu bekommen ist schwierig. Wir wissen, dass wir nicht jeden unserer Reisewünsche erfüllen können. Und doch versuchen wir, den Reiseplan an unseren Vorstel-

Zu Hause kochen wir unseren Tee mit einem modernen Wasserkocher. Auf der Reise müssen wir uns aber hin und wieder an traditionelle Methoden gewöhnen.

lungen auszurichten. Den roten Faden finden wir, als wir aus dem Fenster schauen: Wir wollen mal einen richtigen Sommer erleben! Jenni zückt Zettel und Stift und schreibt auf: „Mit viel Sonne, warmen Temperaturen …" Falk ergänzt: „Strand, Sand und Meer … ach ja, und das am besten die ganze Zeit lang." Und so einigen wir uns auf die Grundidee: Wir reisen einfach ein Jahr der Sonne hinterher!

Mit dem roten Faden im Hinterkopf überlegen wir weiter. Anfangs- und Endpunkt der Reise sollen gleich sein. Gesund und munter wollen wir in Deutschland starten! Gesund und munter wollen wir hierher zurückkehren! Mit dem Finger auf dem Erdball träumen wir uns nun wieder in die Zeit zwischen Abreise und Rückkehr. Bis in der Küche der Teekessel pfeift.

Am Reiseplan feilen

Je nachdem, welche Grundidee man entwickelt hat, wird die Vorbereitung endlos bis überschaubar. Am roten Faden feilt man am besten, in dem man sich an astronomischen, geografischen und meteorologischen Bedingungen orientiert. Denn wer will schon im nasskalten Winter in der argentinischen Hauptstadt Buenos Aires unterwegs sein. Honduras im Regen und Iran unter der Sommersonne bei 50 °C bedeuten für viele auch kein Reisevergnügen. Mit unserem hehren Ziel, stets dem Sommer nachzureisen, haben wir einen simplen, aber wirkungsvollen Anfangspunkt gesetzt. Denn hinsichtlich der Bedingungen scheiden schon jetzt viele Länder und Regionen aus.

Die Jahreszeiten unterteilen sich in gemäßigten Breiten in Frühling, Sommer, Herbst und Winter, in den Tropen gibt es Trockenzeit und Regenzeit. Der Äquator unterteilt dabei je nach Monat die Erde grob in Sommer- und Winterregion, also in für unsere Reiseplanung interessante und weniger interessante Breiten. Da wir unseren Starttermin aus beruflichen Gründen auf Ende Mai gelegt haben, stellt sich die Situation für uns wie folgt dar: Auf der Nordhalbkugel herrschen Ende Mai sommerliche Temperaturen. Auf der Südhalbkugel ist dagegen Winter. Also beginnen wir unsere Tour im Norden, schlagen erst ab September den Bogen in Richtung Äquator ein und landen frühestens Ende des Jahres auf der Südhalbkugel, wo dann Sommer herrscht. Und noch ein weiterer Richtungsstreit entbrennt: Starten wir unsere Tour in Richtung Osten oder Westen? Bei dieser Frage tun sich für den einen oder anderen Abgründe auf. Denn es sind meist banale Motive, die für die jeweilige Richtung sprechen. Bei uns ist es der Spartrieb. Asien soll ein super Shoppingparadies für das kleine Budget sein, Amerika ist dagegen verhältnismäßig teuer. Also reisen wir in westliche Richtung ab – nach Amerika – und werden am Ende unserer Tour in Asien einkaufen gehen. Würden wir mit Asien beginnen, müssten wir unseren Einkauf 350 Tage durch die Welt schleppen. Außerdem können wir nach einem Jahr neue, günstige Klamotten aus Asien sicher gut gebrauchen. Wenn die alten Lappen, die wir 365 Tage bei Wind und Wetter am Leib getragen haben, nur noch Fetzen sind und stinken. Ganz Gewiefte werden jetzt anbringen, dass das Geld am Ende einer Reise ausgeht und man nicht mehr genug hat, um seine Einkäufe zu tätigen. Denen sei an dieser Stelle gesagt: Richtig! Wie man es macht, ist es falsch. Oder auch richtig! Wir legen uns einfach auf die Erdumrundung in westliche Richtung fest. Basta!

Wissenslücken füllen

Oft liegen wir nun schlaflos im Bett. Zum einen wegen der Freude, zum anderen wegen der Ungewissheit auf Bevorstehendes. Um diesen unbekannten Faktor X aus der Welt zu räumen, beginnen wir, uns gezielt auf in Frage kommende Reiseländer zu konzentrieren. Wir wollen uns bereits daheim so gut es geht ein Bild von der Welt machen.

Mit einem leeren Rucksack radelt Jenni einmal wöchentlich in die Bibliothek. In den Regalen findet sie mehr oder minder spannende Reisereportagen, dicke und dünne Reiseführer, Ratgeber für Langzeitreisende und Kurzurlauber. Eine Bibliothekarin hilft Jenni bei der Suche. In Reiseagenturen bekommt sie Hefte und Broschüren. Im Arbeitszimmer stapeln sich bereits die Türme.

Mindestens einmal pro Woche stöbern wir in den Materialien. Die Reiseführer liefern einen ersten Einblick in Land und Leute. Leider werden meist hunderte Seiten mit der mehr oder minder rühmlichen

....

Mit den richtigen Tickets in der Tasche kann man die ganze Welt erkunden. Das Zauberwort: Round-the-World-Flugticket.

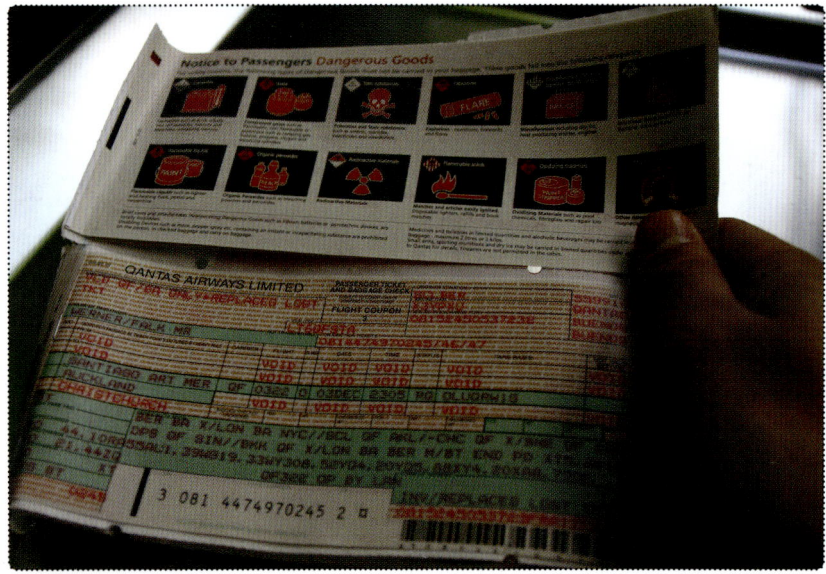

Vergangenheit der Länder gefüllt. Und noch mehr Geschichte gibt es dann auf den Städteseiten. Ein einziges Blabla für Weltreisende. Tipps und Tricks für unterwegs kommen in fast jedem Reiseführer viel zu kurz.

Ein Individualreiseführer, der wegen seiner unkonventionellen Recherchearbeit zwar umstritten ist, den wir aber trotzdem weiterempfehlen, ist der „Lonely Planet". Hier findet man wichtige Informationen über Reiseziele, die detailliert nach Sehenswürdigkeiten, Unterkünften, Restaurants, Busverbindungen, Internetcafés und mehr aufgeschlüsselt werden. Mit Hilfe dieser Lektüre ist das Reisen für jedermann auch in Dritte-Welt-Ländern kein Problem. Einen gewaltigen Nachteil, den wir unbedingt erwähnen müssen, birgt dieser begehrte Führer dennoch: Reisende, die sich das Buch zugelegt haben, landen am Ende alle im selben Hotel. Deshalb sind manche Hotels aus dem Reiseführer schnell ausgebucht. Manch Hotelbesitzer hat auf die steigende Nachfrage reagiert und die Preise erhöht.

Das Internet bildet eine weitere wichtige Säule unserer Recherchearbeit. In Weltreiseforen treffen wir auf Vielgereiste und bekommen dort Reisetipps und -tricks aus erster Hand.

Das Weltreise-Ticket

Als wir Familie und Freunden von der Weltreise-Idee erzählten, wurden wir oft belächelt. „Viel zu teuer", sagten die Leute. Doch das ist ein Vorurteil. Die Weltreise hätten wir niemals so weit geplant, wäre uns nicht in dieser Zeit das Round-the-World-Ticket ins Auge gesprungen. Je nach Angebot bekommt man hier Flüge rund um die Welt bereits ab 1.000 Euro pro Person. Ob „Star Alliance" oder „OneWorld". Beim Umhören und Recherchieren ist allerhöchste Sorgfalt angesagt. Viele Reisefirmen und Fluggesellschaften haben die Tickets zu unterschiedlichen Konditionen im Angebot.

Mit der Option „Flugmeilen" ist man weltweit am unabhängigsten unterwegs. Man kauft pauschal 30.000 oder 40.000 Flugmeilen und reist dann, wohin man will. Um die 1.000 Flughäfen dürfen nach Lust und Laune angeflogen werden. Diese Unabhängigkeit hat ihren Preis, die Option „Flugmeilen" ist die teuerste Variante. Wir liebäugeln mit einem Angebot, das sieben Flüge zu nur 70 ausgewählten Flughäfen beinhaltet. Die Unabhängigkeit ist zwar stark eingeschränkt, aber das Ticket kostet nur die Hälfte vom teuren Flugmeilen-Angebot. Da freut sich der Geldbeutel. Und nicht nur der. Auch wir jubeln, als wir erfahren, dass uns mit dem Ticket eine wichtige Entscheidung abgenommen wird: die über unser erstes Ziel auf der Weltreise. Wir wollen zu Beginn der Reise auf der Nordhalbkugel bleiben, weil hier im Juni der Sommer beginnt. Und wir düsen gen Westen ab. New York ist das einzige Ziel, das genau in dieses Schema passt. Der Anfang ist gemacht. Bevor wir das Ticket aber tatsächlich kaufen, müssen wir noch unsere anderen Abflughäfen festlegen.

Der perfekte Reiseplan

Erst jetzt wird es wichtig, die gesammelten Informationen über Sehenswürdigkeiten, Sicherheit und Spaß herauszuholen. Der Feinschliff des Reiseplans beinhaltet die Länderwahl und die Suche einer geeigneten Route. Natürlich wollen wir an dieser Stelle noch keine detaillierte Reisebeschreibung anfertigen, denn die ist meist sowieso sinnlos, da unterwegs fast alles anders kommt, als man denkt. Oft gibt es keine passende Busverbindung zum Wunschziel, man wird krank oder es gefällt dem Reisenden an einem Ort so gut, dass er gleich noch eine Woche länger bleiben will, dafür aber andere Ziele auslassen muss. Auch Reisepartner, die man auf einer Tour aufgabelt, entscheiden mit, wohin es im Detail gehen kann und soll. Man muss sehr flexibel mit sich und der Route umgehen. Deshalb ist selbst der Feinschliff an der Reise nur ein Grobplan.

New York als Startpunkt steht bei uns dank des Round-the-World-Tickets fest. Mit Sonne und Sandalen reisen wir anschließend durch Nord- und Zentralamerika. Wenn nach fünf Monaten der Herbst in der nördlichen Hemisphäre Einzug hält, flüchten wir auf die Südhalbkugel. Nach Bolivien und Chile machen wir Station in Neuseeland und Australien, bevor wir auf dem letzten Teil unserer Tour durch Südostasien reisen.

Mit Nordamerika wählen wir ein teures Reiseziel, das unser Budget zehn Wochen lang strapazieren wird. Doch ab Mexiko kann sich unser Geldbeutel fürs Erste entspannen. Erst ab Chile, Neuseeland und Australien wird es wieder teuer. Südostasien blicken wir Sparfüchse gelassen entgegen.

Die Tour ist geplant, die Reiseziele stehen fest und die Vorfreude kennt keine Grenzen mehr. Die Weltreise scheint sechs Monate vor dem Abflug greifbar nahe. Es ist Dezember, Winter in Deutschland. Wir flitzen in das nächste Geschäft: Sonnencreme kaufen!

Wichtige Termine nicht vergessen

Bis zur Abreise bleiben uns nicht einmal mehr vier Monate. Wir sind gelassen, denn wir haben uns bisher gut vorbereitet. Doch selbst wenn man glaubt, an alles gedacht zu haben, irgendetwas vergisst man immer: Wir haben nicht an die Impfungen gedacht.

Nun sitzen wir beim Arzt und der schüttelt den Kopf: „Normalerweise sollte man für einen kompletten Weltreiseimpfschutz mehr als ein halbes Jahr einplanen." Wir denken nach: Wichtig sind Hepatitis A und B sowie die Auffrischung von Diphterie und Polio. Das schaffen wir locker. „Aber mit der Tollwut, das wird ein Problem", wirft der Arzt ein. „Da kann ich euch nur den halben Impfschutz machen. Die restlichen Spritzen müsst ihr euch unterwegs holen." Und eine weitere Hiobsbotschaft verkündet er uns: „Ihr braucht noch eine Impfung! Ihr reist doch durch Bolivien. Da grassiert das Gelbfieber." Diese Impfung holen wir uns also auch noch ab. Innerhalb von nur 100 Tagen jagen jetzt unzählige Viren durch unsere Venen. Der Arzt sticht uns die Oberarme grün und blau.

Damit es niemandem so geht wie uns, raten wir allen, sich frühzeitig über notwenige Impfungen in den Reiseländern zu informieren. Ist doch zu viel Zeit verstrichen, um alle Impfungen daheim zu erhalten, können die Spritzen notfalls natürlich auch im Ausland gesetzt werden.

Auch Medikamente bekommt man in gut ausgestatteten Apotheken im Ausland oft ohne Probleme und vielfach günstiger. Die Malariaprophylaxe Malaron kostet hierzulande etwa 60 Euro. In den gefährdeten Gebieten gibt es das Mittel für rund fünf Euro. Fragen Sie dazu aber nicht Ihren deutschen Arzt oder Apotheker!

Langsam die Zelte abbrechen

Eine harte Zeit steht bevor. Das Schreiben der Kündigungen gehört zu den wichtigsten Schritten vor einer Weltreise. Dieser sollte frühzeitig erfolgen, um sorgenfrei aufbrechen zu können.

Den ersten Brief schicken wir an unseren Vermieter. Wir unterschreiben, falten den Brief. Auf den Umschlag kommt die Marke drauf. Brief rein, zukleben. Oh, mein Gott, jetzt haben wir tatsächlich unseren Abschied besiegelt. Wir haben unsere sicheren vier Wände aufgegeben. Wir blicken einander lange an. Jeder von uns scheint zu überlegen, ob es die richtige Entscheidung war, eine Weltreise zu machen. Noch ist das Schreiben nicht im Briefkasten. Richtig? Falsch? Richtig? Falsch? Dann zucken wir gleichzeitig mit den Schultern. Wir haben uns vor neun Monaten entschieden und so wird es gemacht: Wir tauschen unsere Wohnung gegen harten Zeltboden oder fremde Betten, Gemeinschaftsküche und Gemeinschaftsbad. Wir machen eine Weltreise!

Die anderen Schreiben, die wir an diesem Tag ausdrucken, beziehen sich auf laufende Bankkonten, Handyverträge und Versicherungen. Auch hier schlucken wir bei jeder Unterschrift, die wir unter die Briefe setzen. Und jedes Mal schauen wir uns an. Ohne Worte nicken wir unseren festen Entschluss ab.

Innerhalb weniger Tage kommen die Rückschreiben. Bis auf eine Ausnahme lösen alle die Verträge bis zum 30. Mai, dem Tag unserer Abreise, auf. Mit jeder neuen Kündigungsbestätigung entfernen wir uns weiter von unserem alltäglichen Leben in Deutschland. Bald haben wir hier nichts mehr, was uns bindet. Ein schwermütiges Abschiedsgefühl macht sich breit.

Die Besuche beim Amt

Bevor man sich in die große, weite Welt aufmacht, muss man sich noch durch den Behördendschungel schlagen. Wichtig sind ein aktueller Reisepass sowie ein internationaler Führerschein. Um diese Dokumente zu bekommen, braucht man allerdings viel Zeit.

Falk sitzt in der Bürgerinformation seiner Heimatstadt Magdeburg. Mit der Nummer 82 ist er gut bedient. Gerade wird Bürger Nummer 56 aufgerufen. Nach einer Stunde ist auch Falk an der Reihe. „Was kann ich für Sie tun?", begrüßt man ihn. Ein höfliches „Guten Morgen" vergisst die Dame am Schalter. Kann ja mal passieren. Erstes Thema sind die Reisepässe. Die brauchen ungefähr sechs Wochen für die Ausstellung. Zettel ausfüllen, biometrisches Passfoto abgeben – alles wird gestempelt und unterschrieben. Fertig!

Auf der Führerscheinstelle ein ähnliches Bild. Hier muss Falk einen internationalen Führerschein beantragen. Denn, so heißt es: „Im außereuropäischen Ausland ist der europäische Führerschein nur in Verbindung mit dem internationalen Führerschein gültig." Falk hat aber gar keinen europäischen Führerschein. Denn der wird erst seit dem Jahr 2000 ausgegeben. In seinem Portmonee steckt noch der alte rosafarbene, der im Ausland gar nicht akzeptiert wird. Und so muss er in den sauren Apfel beißen, zunächst den europäischen Ausweis beantragen, um dann den internationalen anfordern zu können. Beide Ausweise brauchen bis zu vier Wochen.

Reisepässe und Führerscheine erreichen uns nach Wochen des Wartens pünktlich. Bevor wir die Dokumente gut und sicher verpacken, scannen wir sie alle in den Laptop ein. Man kann nie wissen. Vielleicht werden wir auf der Weltreise überfallen. Sind die Ausweise weg, dann ist Holland in Not. Oder besser gesagt, wir sind in Not, wo auch immer wir gerade stecken. In Honduras, Bolivien oder Malaysia. Ohne Führerschein kein Autofahren. Ohne Reisepass dürfen wir nicht einmal in ein anderes Land reisen. Dann sitzen wir fest.

Um von überall auf der Welt auf diese wichtigen Dokumente zugreifen zu können, legen wir die eingescannten Daten in einem unserer E-Mail-Postfächer ab. Damit haben wir bei Verlust immer Zugriff auf die Kopien von Reisepass, Impfausweis und Führerschein. Im Fall aller Fälle können wir bei einer Botschaft schnell unsere Identität nachweisen.

Fast alles scheint vorbereitet zu sein für die Abreise. Die Ausweise sind organisiert. Die Impfstoffe im Körper. Ein paar Euro haben wir für die Ankunft in New York gleich in Dollar getauscht. Wir könnten uns fast schon zurücklehnen.

Doch einen Monat vor der Abreise spuken in unseren Köpfen unangenehme Gedanken herum. Wir denken nur an das eine: Haben wir wirklich nichts Wichtiges vergessen?

Budgetplanung

Es gibt zwei Gruppen von Weltreisenden. Die einen machen sich über Geld keine Gedanken und die anderen haben gerade deswegen Sorgen. Wir gehören zu den Letzteren. Die Weltreisebudgetierung ist das A und O und sollte, wenn man den Wunsch zur großen Tour hegt, schon früh in Angriff genommen werden. Bei uns begann die Planung bereits im Jugendalter. Da kannten wir uns noch nicht. Unabhängig voneinander haben wir für unseren großen Traum gearbeitet und gespart. Mit 18 hätten wir uns ein Auto kaufen können. Doch der Bequemlichkeit standen die hohen Kosten gegenüber. Während des Studiums stellte sich die Frage nach einer eigenen Wohnung. Doch glücklicherweise konnten wir in der Heimatstadt studieren und weiter bei den Eltern wohnen. So konnte die Miete jeden Monat zur Seite gelegt werden. Mit Mitte zwanzig hatten wir dann das Geld zusammen, um die Welt auf eigene Faust zu entdecken. Dass wir uns gerade in dieser Zeit über den Weg gelaufen sind, war geradezu schicksalhaft.

Anfang des 21. Jahrhunderts sind 25.000 Euro eine gewaltige Stange Geld. Das ist die Summe, die wir gemeinsam für ein Jahr Weltreisen zusammenbekommen haben. Abzüglich der einmaligen Kosten wie Krankenversicherung, Flugtickets etc. kommen wir auf ein monatliches Budget von rund 850 Euro pro Person. Nicht gerade eine Unmenge Geld, aber ausreichend, um eine Erfahrung zu machen, die man sein Leben nicht vergessen wird.

Unser Erspartes können wir natürlich nicht im Portmonee aufbewahren. Viel zu unsicher wäre die Reise mit dem Geld. Die Lösung: Das Budget soll auf einem Konto in Deutschland untergebracht werden, aber rund um die Welt abrufbar sein. Dazu benötigen wir für fast alle Reiseländer lediglich eine EC-Karte mit Maestro- oder Cirrus-Zeichen und eine Kreditkarte für den Notfall.

Sparkassen sind in den meisten Fällen keine gute Idee. Als uns die Bankangestellten etwas von exorbitanten Auslandsgebühren erzählen, flüchten wir umgehend. Günstigere Alternativen sind Bankhäuser wie die Deutsche Bank und die Citibank. Mit deren EC-Karten können wir an ausgewählten Partnerbankautomaten auf der halben Welt kostenlos Geld abheben. Mittlerweile gibt es auch Anbieter, die Bankkonten in Kombination mit Kreditkarten eröffnen. Mit den Karten kann man dann weltweit kostenlos Bargeld an allen Automaten abholen. Neben viel Plastik werden sich in den kommenden Monaten auch Scheine wie Dollar, Peso, Quetzal, Colon und Boliviano im Geldbeutel tummeln. Deshalb stiefeln wir heute, eine Woche vor dem Abflug, los und hauen die letzten Euros auf den Kopf.

Rucksack packen

„Wir packen unsere sieben Sachen" ist für Weltreisende mit Rucksack nicht nur ein Spruch. Es ist der Leitfaden für die Tour. Um unbeschwert durch die Welt touren zu können, darf der Rucksack nicht bis zum Anschlag vollgepackt sein. Unterwegs wird man schnell merken, dass man vieles, was am Anfang als wichtig galt, umsonst mitgenommen hat. Wiederum anderes wird fehlen. Aber keine Sorge, denn auch im Ausland gibt es einen Paketdienst, mit dem man seine unnützen Sachen wieder heimschicken kann. Und in Zeiten der wirtschaftlichen Globalisierung gibt es in den Großstädten dieser Welt überall Geschäfte, in denen man vieles nachkaufen kann. Ansonsten gilt es zu improvisieren.

Unsere beiden Rucksäcke – oder auch Backpacks genannt – wiegen gefüllt jeweils 15 Kilogramm. Im Park und beim Stadtbummel tragen wir sie nun Probe. Wir trainieren unsere Muskulatur, damit wir unterwegs keine Rückenschmerzen bekommen.

Eines jedoch erscheint uns vor der Abreise zwingend notwendig. Etwas ganz Kleines mit einer riesigen Wirkung muss auf jeden Fall in den Rucksack: Ein Speicherstick für unsere Lieblingsmusik. Unterwegs kann einen nichts besser aufbauen, als vertraute Melodien.

Falsch: Falks Rucksack, richtig: Jennis Rucksack. Merke: „Sieben Sachen sollst du packen, sonst wirst du auf der Weltreise versacken!"

Start

Tage: 365
Kontinente: 5
Länder: 17
Geplantes Budget: 12.345 Euro
pro Person
Gelesene Reiseführer: 20
Haarlänge bei Abflug:
jeweils 5 cm

Mit frisch geschnittenen Haaren und käseweißen Gesichtern gehen wir auf
Weltreise. Wie wir wohl nach einem Jahr auf Reisen aussehen?

Weltansichten vor der Reise

Endlich mal raus aus Deutschland! Wir entfliehen dem grauen Alltag.
• Wir freuen uns auf die berühmten Sehenswürdigkeiten der Welt, die
man aus Film und Fernsehen kennt. • Die Grenzübergänge werden eine
Herausforderung unserer Reise. Ob man uns oft filzt? • In den USA, dem
Land der unbegrenzten Möglichkeiten, werden wir unsere Freiheit voll
ausleben. • In den großen Einkaufszentren für Outdoor-Bedarf gibt es
eine riesige Auswahl an Campingausrüstung zu günstigen Preisen. Hier
decken wir uns ein. • Ein Kompass gehört unbedingt ins Reisegepäck. •
Ab Mexiko gibt es richtig guten Kaffee. • Ab Mexiko wird das Reisen gefährlich. Die Kriminalität steigt. Vor Mittelamerika haben wir ganz schön
Schiss. • In Mittelamerika gibt es nur schlammige Dschungelstraßen. •
Wir brauchen unbedingt unseren Impfausweis. Wir reisen nach Bolivien,
und an den Grenzen will man dann den Nachweis über unsere Gelbfie-
berimpfung sehen.

Wenn zwei eine Reise tun …

„Ding, dang, dong". Das Zeichen zum Einchecken ertönt. Mit geschulterten Rucksäcken und den Flugtickets in den Händen stehen wir am Ausreiseschalter. Vor uns geduldet sich eine lange Warteschlange, die sich nur langsam der Passkontrolle nähert. Bevor wir in den Flieger steigen, werfen wir einen letzten Blick auf unsere Eltern. Ohne Worte, nur mit einem Wink, sagen wir ihnen „Adieu". Beim Anblick des Grenzbeamten am Abfertigungsschalter kann Falk sich nicht mehr halten. Ihm kommen die Tränen.

Wir steigen am Flughafen Berlin Tegel in eine Maschine von British Airways, die uns über London bis nach New York bringt. Amerika – da fallen uns spontan die alten Western mit Terence Hill und Bud Spencer ein. Falk will als Cowboy auf einem Pferd durch die Prärie reiten. In wenigen Stunden kann er das machen. Er kann den Klondike rauf und runter schippern. In einem Saloon einen Whiskey trinken. Die Bardame im Casino bleibt aber aus dem Spiel. Schließlich sind wir seit anderthalb Jahren ein Liebespaar. Für uns ist die Reise auch beziehungstechnisch eine Herausforderung. Wenn wir die überstanden haben, dann wird uns sicher nichts mehr auseinanderbringen.

Während der Flieger den Atlantik überquert, kommt erneut Abschiedsstimmung auf. Wir scheinen nicht die Einzigen zu sein, denen es so geht. Im Flugzeug ist es ungewöhnlich ruhig. Niederländer, Franzosen, Schweden und Russen sitzen mit in der Maschine. Alle scheinen leise zu murmeln: Europa ade. Liebe Welt, du kannst kommen!

„Rums!" – das Fahrgestell unseres Flugzeugs setzt hart auf amerikanischem Boden auf. Knapp zehn Stunden sind vergangen, seit wir in Berlin unsere Familien verabschiedet haben. Nun warten sie sehnsüchtig auf eine Rückmeldung von uns. Jenni schaltet sofort nach dem Flug das Handy wieder ein. Immer wenn man im Ausland ist, erwartet man mit Spannung, in welches Handynetz sich das Telefon einloggt. Als wir Empfang bekommen, tippt Jenni in das Handy: „huhu!wir sind sicher gelandet.küsschen,wir vermissen euch." Doch beim Abschicken der

Nachricht spinnt die Technik: „Senden fehlgeschlagen", steht auf dem Display. Auch unsere Testanrufe werden abgeblockt. Erst nach zwei Stunden stellen wir fest, dass ein Jahr der Vorbereitung nicht ausgereicht hat, um den simplen, aber gravierenden Unterschied zwischen den Vorwahlen herauszufinden. An einer Telefonzelle inmitten von New York lesen wir, dass man in den USA die 01149 wählen muss, um nach Deutschland zu telefonieren! Na ja, man kann nicht an alles denken. Aber aufkeimende Probleme flexibel und locker zu lösen, das ist die große Kunst. Und unser Credo. Das müssen wir uns in den kommenden 365 Tagen noch sehr oft in Erinnerung rufen.

Lediglich drei Tage gönnen wir uns für den „Big Apple". Wir spazieren vom grünen Central Park zum bunten Broadway, werfen einen kurzen Blick auf die Freiheitsstatue und bummeln durch die engen Straßen New Yorks, vorbei an gläsernen Wolkenkratzern. Oasen der Ruhe, in denen wir unsere müden Glieder entspannen können, gibt es wenige. Straßencafés sind rar. Das haben wir aus einigen Schilderungen bereits erfahren. Die meisten waren nicht sonderlich angetan von der berühmtesten Metropole der Welt. Und es waren schon viele in New York. Man könnte fast sagen: jeder Affe. Denn selbst King Kong hat es einst auf das Empire State Building verschlagen. Wir sind aus niederen Motiven hierher gekommen. Nicht der Besichtigung wegen, sondern um ein Auto zu kaufen.

Unser ausgetüftelter Weltreiseablaufplan sieht die Fahrt durch Nordamerika per Auto vor. Im Vorfeld informieren wir uns beim zustän-

New York City ist der erste Stopp auf unserer Tour. Es geht rein in den Big Apple und rauf aufs Empire State Building. Ein Blick aus 381 Metern Höhe.

digen Amt für Zulassungsfragen, dem DMV (Department of Motor Vehicles). Um halb sieben treffen wir ein und nach nur 30 Minuten dürfen wir an den Schalter von Mr. Simpson. Auf die Frage, wie wir in den USA ein Auto zulassen können, herrscht Schweigen. Dann wirft uns Mr. Simpson nach einer theatralischen Pause entgegen: „Vermutlich gar nicht!" Wir gucken uns verständnislos an. Mr. Simpson erklärt zügig, dass das mit den Anschlägen vom 11. September 2001 zu tun hat. Nahezu alle Bundesstaaten vergeben seither keine Zulassungen mehr an jeden x-beliebigen Ausländer. Wegen Terrorismusgefahr!

Daraufhin gibt er uns einen Fragebogen, der unsere Identität feststellen soll. Vertrauenswürdige Bürger sind wir, wenn wir sechs Punkte gesammelt haben. Unser deutscher Reisepass wird als Identitätsnachweis nicht akzeptiert. Möglich wäre dagegen eine Supermarket Check Cashing Card, ein Veteranenausweis, ein Waffenschein oder die Stammesurkunde der Mohawk-Indianer. Am Ende steht fest, dass die Bürokratie auch in den USA so manches Mal über die Vernunft siegt.

Es wird Zeit, die pulsierende Metropole zu verlassen. Ein Auto dürfen wir zwar ohne US-amerikanischen Identitätsnachweis nicht kaufen. Aber eines mieten, das geht. Und so sitzen wir wenig später in einem Ford Taurus und irren durch die Stadt. Wo geht es raus aus New York? Besonders die Vorwegweiser machen uns zu schaffen. Himmelsrichtungen und Straßennummern leiten den Verkehr. Wir versuchen uns in dem heillosen Verkehrschaos zu orientieren. Warum steht verdammt noch mal kein Ort an diesen blöden Vorwegweisern? Es hupt und quietscht hinter uns. Wir schreien uns an. Nach zwei Stunden Irrfahrt erwischen wir die richtige Abfahrt. Wir verlassen New York City und brausen auf den mehrspurigen Highways Richtung Kanada. Jetzt kann unsere große Tour endlich richtig beginnen.

➡ **Jenni empfiehlt**

Du bist Student? Kauf dir die ISIC-Card, den internationalen Studentenausweis. Damit bekommst du in aller Welt satte Rabatte. Übrigens: In vielen Ländern kostet er weniger als in Deutschland.

Kanada

Größe: 10 Mio. km² ➡ 28 x Größe Deutschlands
Einwohner: 32 Mio.
Hauptstadt: Ottawa
Währung: 1 Kanadischer Dollar = 100 Cents
Preisniveau: hoch ◉
Zeit: MEZ −4,5 h bis −9 h
Ländervorwahl: +1

Die Highlights

❶ **Die Niagarafälle:** Halte Taschentücher bereit an einem der spektakulärsten Wasserfälle der Welt!

❷ **Dawson City:** Wage die Mutprobe deines Lebens! Schlucke den Sourtoe-Cocktail: Yukon-Whiskey auf Eis mit einem mumifizierten menschlichen Zeh.

❸ **British Columbia:** Willkommen im Gratis-Freiluftzoo! Erlebe Bären, Elche und Bisons hautnah.

Typisch Kanada!

Eishockey: Wenn der alljährliche Stanley Cup der nordamerikanischen Eishockey-Profiliga NHL ausgetragen wird, dann sind die Straßen leergefegt und ganz Kanada schaut TV.

Botschaft

Ort: Ottawa • **Adresse:** 1 Waverley Street
Telefon: (+16 13) 2 32 11 01 • **E-Mail:** GermanEmbassyOttawa@on.aibn.com

☛ Gut zu wissen

Wildcampen ist in Kanada überall erlaubt, wo es nicht ausdrücklich verboten ist. In National- und Provinzparks und natürlich auf Privatbesitz darf ohne Erlaubnis nicht wild gecampt werden.

Melodien für Millionen

Mit lautem Getöse stürzen sie von der kantigen Klippe herab – die Niagarafälle. Ohrenbetäubender Lärm lässt die Grenzregion zwischen den USA und Kanada erzittern. Neben uns flattert das kanadische Ahornblatt. Eine riesige Fahne weht im Wind. Auf uns fällt indes der Regen. Doch das miese Wetter trübt nicht die Faszination, die von den peitschenden Wassermassen ausgeht. Hunderte Schaulustige klammern sich an das Geländer und blicken in die Tiefe. Dahin, wo sich das Wasser des Niagara Rivers sammelt, wenn es die hunderte Meter breite und 52 Meter hohe Kante erreicht hat und zu Boden rauscht. Auch wir hängen über der Brüstung. Auf der kanadischen Seite. Von hier kann man das Schauspiel am besten beobachten. Wir krallen uns in das kalte Eisen des Geländers und lauschen der Melodie der berühmtesten Wasserfälle der Welt. Wahrhaft überwältigend! Noch am späten Abend, als wir ins Doppelstockbett einer Jugendherberge in Toronto klettern, hängt uns das dumpfe Rauschen in den Ohren.

Am nächsten Morgen ist er endlich da. Der Tag, an dem wir die Städte hinter uns lassen. Wir düsen in die kanadische Wildnis. Als Weltreisende fühlen wir uns der Natur mehr verbunden als dem Städtetourismus. Und so fahren wir von Toronto zum Lake Superior. An den Ufern des zweitgrößten Sees der Erde fühlen wir uns frei. Überall dort, wo es uns gefällt, fahren wir mit dem Auto an

In Kanada erleben wir endlich Natur pur. Wir campen am See und lassen uns Dosensuppen schmecken. Die hier sieht nun gerade nicht so lecker aus.

den Straßenrand. Dann wandern wir, kochen ein Süppchen oder schlagen abends unser Zelt auf. Doch je weiter wir in die kanadische Wildnis steuern, desto kürzer halten wir uns unter freiem Himmel auf. Bald werden wir uns wünschen, wir hätten das Auto nie verlassen.

Bekannte hatten uns im Vorfeld der Reise gewarnt: „Nehmt euch in Acht vor den Mücken!" „Ach, die paar Mücken", denken wir uns und werden prompt eines Besseren belehrt. Wie eine Pest überziehen im Sommer blutsaugende Insekten das ganze Land. Nachdem sie uns unvorbereitet überwältigt und ausgesaugt haben, sehen wir aus wie Frankensteins Monster. Unsere Gesichter sind zugeschwollen, Jennis Rücken zerstochen. Falk wächst eine dritte Pobacke. Das Gift kanadischer Bugs – wie die Einheimischen sagen – juckt und brennt wochenlang am ganzen Körper. Jeder Kanadier hat so seine eigene Geheimrezeptur gegen die Vampire. Zum Beispiel Knoblauch oder Babyöl. Wir nutzen ein anderes Mittel und ergreifen die Flucht.

Auweia! Kanadische Mücken machen uns das Leben zur Hölle. Eine Nacht lang kämpfen wir im Zelt verzweifelt gegen die Insekten – und verlieren haushoch.

Je weiter wir nach Westen kommen, desto weniger Insekten belagern uns. Wir durchqueren Manitoba, Saskatchewan und Alberta. Die Prärie. Die Straßen reichen bis zum Horizont. Auf mehreren tausend Kilometern sehen wir nichts als Wiesen, Seen, Farmland,

→ **Jenni empfiehlt**

Die kanadischen „Laundrys", die Waschsalons, gibt es nahezu überall. Bereits nach 30 Minuten ist deine Wäsche fix und fertig. Nun gibt es eine gute und eine schlechte Nachricht. Zuerst die gute: Die Wäsche ist weder eingelaufen, noch hat sie ihre Farbe gewechselt. Die schlechte: Sauber ist die Wäsche auch nicht. In Kanada beträgt die normale Waschtemperatur nur 20 °C. Du musst also immer Heißwäsche einstellen, damit du bei 40 °C ein halbwegs blütenreines Ergebnis bekommst.

Ölfelder und begegnen nur wenigen Menschen. Der Mietwagen trägt uns durch diese karge Region. Bis in die Abendstunden geht es quer durch die kanadischen Weiten. Wir holpern über eine alte verlassene Straße und lauschen der Musik. Einen Radiosender empfangen wir nicht. Deshalb dudelt eine CD rauf und runter. Alles könnte so romantisch sein, wenn es nicht plötzlich „kratz, krach, bumm" unter unserem Auto machen würde.

Das laute Knallen verstummt. Falk steigt auf die Bremse. Jenni, darauf nicht vorbereitet, wird heftig in den Gurt gepresst. Was um alles in der Welt war das? Der Blick in den Rückspiegel verheißt nichts Gutes. Mitten auf der verlassenen Präriestraße liegt ein kantiger Stein. Falk reißt die Tür auf und springt aus dem Wagen. Er geht in die Knie. Sein besorgter Blick wandert zum Unterboden. Dann legt er sich auf offener Straße unter den Ford. Nach einer kurzen Inspektion Gewissheit: Der Benzintank läuft aus!

Wie die Feuerwehr preschen wir los. Wir müssen jeden Tropfen Benzin nutzen. Zehn Kilometer von uns entfernt muss laut Karte ein Zeltplatz liegen. Den müssen wir erreichen. Die Tanknadel senkt sich mit beängstigender Schnelligkeit. In diesem Moment wird uns die Einsamkeit Kanadas bewusst. Die romantische Vorstellung der Weite wirkt nun bedrohlich. Bei Notfällen abseits von Ortschaften sind wir in Kanada aufgeschmissen. Ob wir es schaffen?

Das Auto steht. Der letzte Tropfen ist im Erdboden versickert. Wir stehen auf dem Campingparkplatz des Rangers. Einige Telefonate später haben wir einen Autotausch mit der Mietwagenfirma organisiert. Der Tausch wird leider mehrere Tage dauern. Erst dann kann die Weltreise fortgesetzt werden. Aus der Not machen wir eine Tugend. Wir legen entspannte Wandertage ein, die uns über weite Wiesen und Felder führen.

Den Zeitplan fest im Blick sputen wir uns, als wir Tage später die neuen Autoschlüssel in den Händen halten. Schließlich müssen wir in vier Monaten die Strecke von Nord- nach Südamerika hinter uns gebracht haben. Im Dezember – so unser Plan – verlassen wir Amerika und fliegen von Chile weiter nach Ozeanien. Bis dahin wird noch so mancher Stein auf unserem Weg liegen.

Kanadas Wilder Westen

Der Ausblick auf die Stadt Calgary ist wie gemalt. Wolkenkratzer, ein Aussichtsturm. Dahinter türmen sich die Rocky Mountains. Dort liegen die großen Nationalparks Banff und Jasper. Der Trans-Canada Highway führt uns durch die Parks, vorbei an gigantischen Gletschern und reißenden Flüssen. Immer häufiger treffen wir auf wilde Tiere, die sich direkt am Straßenrand tummeln. Kanadas Westen gleicht einem Gratis-Freiluftzoo. Schwarzbären, Elche und Grizzlybären knabbern genüsslich das frische grüne Gras. Luchse und Rehe flitzen über den Highway. Als wir schon fast den Nordwesten Kanadas erreicht haben, entdecken wir sogar einen Kermodebär oder „Geisterbär" – ein seltenes weißes Exemplar des Schwarzbären.

Kanada, wie man es aus dem Fernsehen kennt: die Rocky Mountains, Seen, Wälder, Einsamkeit und Ruhe. Wir genießen die Fahrt auf den wenig befahrenen Highways.

Immer wieder kreuzen Bären die Straße oder sitzen wie hier am Straßenrand. Die Allesfresser lassen sich dort das junge, saftige Gras schmecken.

Evolutionstechnisch ist das in diesen Regionen von Vorteil. Denn im Schnee kann man sich gut verstecken und den gibt es hier reichlich. Acht Monate lang herrscht Winter im Yukon Territory. Zwei Monate bleiben den Menschen in der nördlichsten Provinz Kanadas, um den Sommer zu genießen. Die Temperaturen steigen dann auf bis zu 30 °C. Die Straßen sind frei und befahrbar. Wann, wenn nicht jetzt können wir uns an den Polarkreis wagen und in T-Shirts in der Sonne brutzeln? Und so starten wir in eines der am dünnsten besiedelten Gebiete der Erde. 30.000 Menschen verteilen sich auf einer Fläche, die so groß wie Deutschland ist.

Wild, rau und nahezu unberührt – der Yukon, Heimat der Goldgräber. Die wenigen Abenteurer teilen sich die riesigen Wälder und den gewaltigen Yukon-Strom mit tausenden Grizzlybären, Elchen und Lachsen. Wir sind mitten drin.

In Dawson City – mit 2.500 Einwohnern die zweitgrößte „Stadt" im Norden – scheint die Zeit stehen geblieben zu sein. Alte Holzhütten, staubige Straßen, knarrende Saloontüren. Coole Cowboys auf der Straße, heiße Bardamen an der Theke. In den Schaufenstern der Läden liegen glänzende Goldnuggets.

Vor mehr als einhundert Jahren tobte hier noch der Goldrausch. Damals hofften rund 40.000 Goldsucher in der Stadt auf das große Glück. Heute wühlen Firmen mit riesigen Maschinen das Flussbett auf. Das traditionelle Goldschürfen wird meist nur noch von Touristen ausgeübt. 60.000 Menschen aus aller Welt machen jährlich Urlaub in Dawson City am Polarkreis. Sie packt er noch, der Goldrausch. Jeder kann sein Glück versuchen. „Touristen können in Dawson City nach Gold schürfen. Auf einem Claim, der extra dafür abgesteckt wurde. Manchmal findet sogar jemand einen kleinen Klumpen", erzählt uns die ausgewanderte Deutsche Uta Reilly, Besitzerin des „Klondike Nugget and Ivory Shop". Bevor wir dem hoffnungslosen Ruf des Goldes erliegen, genehmigen wir uns lieber einen tödlich guten Drink in einem der Saloons.

Wir sitzen am rustikalen Tresen des Downtown Hotels. Jenni bestellt Ananassaft, Falk gönnt sich den alkoholischen Sourtoe-Cocktail. Dieser Drink ist etwas ganz Besonderes auf der Getränkekarte. Sourtoe heißt übersetzt „saurer Zeh". Als „schmackhafte" Beigabe schwimmt in diesem Cocktail ein mumifizierter menschlicher Zeh! Der Fußnagel ist hässlich und lang. Die Haut schrumpelig. Das Ende, wo der Fuß einst ansetzte, ist ausgefleddert. Der Zeh wird mit einem Schuss Whiskey übergossen und fertig ist der Drink. Falk wählt den großen, ollen Onkel. Er hebt das Glas und der braune Zeh treibt nach oben – direkt an Falks Lippen. Doch einen echten Mann kann nichts erschüttern. Er trinkt das Glas leer. Bis auf den Zeh natürlich. Der wird für den nächsten Verrückten wieder ordentlich in ein Tuch gewickelt und in einer geheimnisvollen Holztruhe im Hinterzimmer des Saloons verstaut. Falk ist nun stolzes Mitglied im Club der mutigen Trinker, dem „Sourtoe-Cocktail-Club". Zusammen mit ungefähr 20.000 anderen Verrückten. Mit dem „Sourtoe"-Zertifikat in der Tasche setzen wir unsere Reise fort. Jetzt geht es immer weiter gen Süden. Man könnte auch sagen: Nur noch abwärts. Und das im wahrsten Sinne des Wortes. Denn, wir werden ausgeraubt!

Prost! Der Sourtoe-Cocktail ist der wahrscheinlich ekligste Cocktail der Welt. Aber sicher auch der einzige, der einen eigenen Fanclub hat.

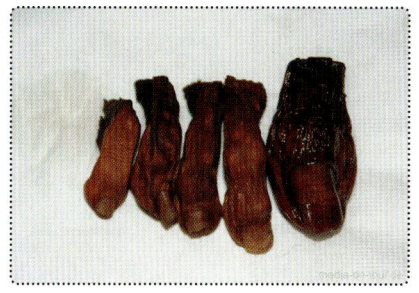

Gestrandet auf einer Insel

Nach fünf Wochen auf Tour haben wir uns an das rastlose Leben gewöhnt. Morgens das Zelt abbauen, frühstücken, losfahren, sich alles anschauen. Abends irgendwo ankommen, Zelt aufbauen, essen und schlafen. Doch wenn das Reisen zur Gewohnheit wird, kommt unweigerlich der Tag, an dem das schön gestapelte Kartenhaus in sich zusammenbricht.

Hau ruck! Per Flaschenzug bringen wir unsere Lebensmittel in Sicherheit vor Bären. Wenn das für alle Art von Waldräubern nur so einfach wäre.

Wir haben nicht damit gerechnet, dass der Tag so früh kommt. Als wir diesmal von einer Entdeckungstour zum Auto zurückkommen, erleben wir den Beginn eines wochenlangen Albtraums. Der Mietwagen steht in einem großen Scherbenhaufen. Die Seitenscheibe der Fahrertür liegt zersplittert neben und in unserem Auto. Der Kofferraum steht offen. Dort hatten wir alles Wichtige verstaut. Laptop, Kamera, Tresor. Im Tresor lagen die Dokumente. Reisepässe, Kreditkarten, Flugtickets. Nun ist alles weg.

Wieso? Wieso wir und wieso hier? Wir sind in Kanada. Wenn uns ein Raub irgendwo in Mittelamerika passiert. Na gut. Aber hier im sicheren Kanada? Jenni trampelt auf dem Boden. Ein kurzer Moment der Enttäuschung entlädt sich in Tränen. Wir ringen um Fassung. Ein Kanadier beobachtet unser Trauerspiel. Der Mann bietet uns sein Handy an, um die Polizei zu informieren. Denn auch unser Handy ist gestohlen worden.

Wir erfahren bei der örtlichen Polizei in Sooke, dass im Süden von Vancouver Island seit einiger Zeit ein großes Drogenproblem herrscht. Autos werden aufgebrochen, um etwas zu finden, dass sich verkaufen lässt. Wir sind also nicht die Ersten.

Doch wir haben Glück im Unglück. Unsere Reisepässe, Jennis Ausweis und ihre Flugtickets werden 40 Kilometer vom Tatort entfernt gefunden. Die Diebe haben von einem Campingplatz aus telefoniert und die Dokumente dort weggeschmissen. „Da hattet ihr aber ein Riesenglück. Normalerweise werden gerade Pässe gestohlen, um sie zu fälschen", versucht uns Mary, die Rangerin des Campingplatzes, aufzubauen. Der Schock sitzt tief. Ein Problem bereitet uns aber weiterhin Kopfschmerzen: Wir stehen ohne Bargeld und Kreditkarten da. Auf einer Insel in Kanada. Wie von hier zur Deutschen Botschaft nach Vancouver kommen? Für die Fähre fehlt das nötige Kleingeld. Wieder haben wir Glück im Unglück. Wir treffen eine Frau aus der kanadischen Provinz Saskatchewan, die gerade geschäftlich auf Vancouver Island unterwegs ist. Sie lädt uns zum Frühstück ein, als sie hört, dass wir seit mehr als 24 Stunden nichts mehr gegessen haben. Zum Abschied drückt sie uns ein bisschen

365 Tage der Sonne hinterher? Unser Weltreiseplan scheint sechs Wochen nach dem Start in weite Ferne gerückt zu sein.

Bargeld in die Hand. Genug, um aufs Festland zurückkehren zu können.

Dort angekommen, hechten wir schnurstracks zur Deutschen Botschaft in Vancouver. Wir erhoffen uns ein paar aufbauende Worte und Tipps, wie wir am schnellsten Geld von Deutschland nach Kanada überweisen können. Doch die Dame in der Botschaft empfängt uns genervt und unterstellt uns, nur Bargeld abfassen zu wollen. Ein Telefonat sei nicht möglich und die Eltern per Internet zu informieren auch nicht. Nach langem Verhandeln hilft sie uns schließlich doch weiter. Sie rät uns zum Geldtransfer über „Western Union". Schon Minuten später können wir auf das von unseren Eltern überwiesene Geld zugreifen. Wir machen uns auf zur US-Grenze und kehren Kanada den Rücken.

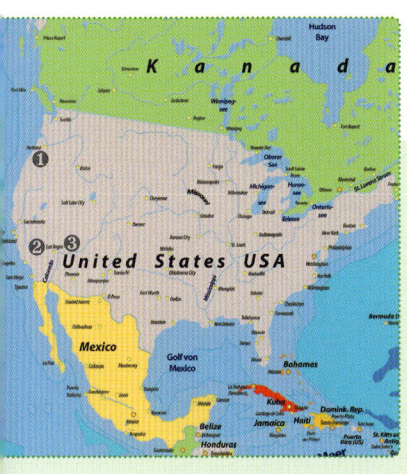

USA

Größe: 9,8 Mio. km² ➡ 25 x Größe Deutschlands
Einwohner: 300 Mio.
Hauptstadt: Washington
Währung: 1 US-Dollar = 100 Cents
Preisniveau: hoch
Zeit: MEZ –6 h
bis –11 h
Ländervorwahl: +1

Die Highlights

❶ Die Westküste: Bei Sonnenuntergängen liegen sich in Washington, Oregon und Kalifornien tausende Pärchen in den Armen. Sei dabei!

❷ Death Valley: Schwitze im Tal des Todes beim Anblick rot, grau, gelb und violett schimmernder Berge.

❸ Der Grand Canyon: Wirf von der gläsernen Aussichtsplattform einen Blick in die schwindelerregende Tiefe.

Typisch USA!

Motels: Der Preiskampf der Motelketten ist ein riesiges Plus bei USA-Reisen. In großen Städten ist ein gutes Motelzimmer mit Frühstück für rund 30 Euro zu bekommen.

Botschaft

Ort: Washington D.C. • **Adresse:** 4645 Reservoir Road
Telefon: (+12 02) 2 98 40 00 • **E-Mail:** info@washington.diplo.de

☛ Gut zu wissen

Bist du Mitglied im ADAC? Nimm deinen Ausweis mit in die USA und fahre gleich bei Ankunft zum US-amerikanischen AAA, dem dortigen Automobilclub. Du bekommst kostenlos Kartenmaterial und eine Rabattkarte. Mit der sparst du z. B. in Motels bares Geld.

Dinge, die bis in den Himmel reichen …

Unser nächstes großes Ziel ist Los Angeles. Dank einer Bekannten aus der Heimat konnten wir unsere noch fehlenden Unterlagen an ihre Freunde in Hollywood schicken lassen. Mit dabei auch unsere Kreditkarten. In zwei Wochen können wir das Päckchen bei dem Ehepaar abholen. Eine lange Zeit, in der wir mit dem wenigen Bargeld über die Runden kommen müssen. In den USA – dem Land, in dem eine Kreditkarte fast alles möglich macht. Ohne ist man aufgeschmissen.

Wir haben also 14 Tage Zeit, um den Westen der USA zu erkunden. Wir entschließen uns zu einem Abstecher in den „Oregon Dunes Nationalpark". Ein bisschen Spaß muss zwischendurch mal sein. Und den kann man in Nordamerikas gigantischster Dünenlandschaft wirklich haben. 150 Meter türmen sich die spektakulären Dünen auf. Sie bilden einen riesigen Sandkasten für Erwachsene. Bis zum Horizont erstreckt sich nichts als ein Meer aus feinen weißen Körnchen.

Nach der Katastrophe in Kanada können wir uns endlich wieder frei fühlen. Wie wild gewordene Böcke oder Ziegen springen wir von Düne zu Düne. Immer wieder bleiben wir im Sand stecken, stürzen. Dann treffen wir uns. Auf der Spitze einer der Dünen küssen wir uns. Plötzlich keimt eine kindliche Idee in uns auf: Lass uns die Düne herunterpurzeln! Falk holt tief Luft, als ob er in den Ozean abtauchen will. Dann stürzt er sich in das Meer aus Millionen Sandkörnchen. 3, 2, 1 … los!

Gleich darauf holt auch Jenni tief Luft und wirft sich in den weißen Sand. Langsam trudelt sie nach unten. Wie zwei Kinder tollen wir an diesem Tag durch die weißen Steinchen. Mit Freiheit im Herzen und Sand in den Haaren suchen wir uns am Abend ein Hotel. Das knirschende Zeug muss dringend vom Körper gespült werden. Seit einigen Tagen haben wir schon nicht mehr geduscht. Die Haare sind fettig, die Achseln muffeln. An der Hotelrezeption werden wir trotzdem freundlich empfangen. Nachdem der nette Mann ein passendes Zimmer für uns gefunden hat, bittet er: „Könnte ich Ihre

Kreditkarte bekommen, Sir!" Keine gute Frage. Zumindest nicht in unserem Fall. Wir erzählen ihm von dem Raub. Er schüttelt den Kopf. Anteil an unserem Schicksal nimmt er damit nicht. Er will uns verständlich machen, dass wir ohne Kreditkarte bei ihm kein Zimmer bekommen. Er stellt uns noch zwei weitere Male die Frage nach der Kreditkarte. Dann werden wir nach draußen gebeten. Bis zum späten Abend erleben wir in vier weiteren Hotels und Motels ähnliche Situationen. Im fünften akzeptiert man unser Bares. Der Besitzer der Unterkunft ist ein Österreicher.

Zum Frühstück gibt es frische Brötchen. Wir wollen fit sein für eine Wanderung zu den höchsten Bäumen der Welt – den Redwoods. Der prächtigste Küstenmammutbaum, auch Sequoia genannt, ist mit 115 Metern so hoch wie ein 30-stöckiges Gebäude. Auch der Durchmesser des Giganten ist beachtlich. Falk stellt sich an den Baum. Seine Armspannweite reicht nicht annähernd aus, um den sieben Meter dicken Stamm zu umschließen. Dazu müssten noch mindestens zwölf weitere Menschen mit ihm am Baum stehen. Bei

Feinster Wüstensand mitten in Oregon. Wir biegen vom Highway ab und fallen direkt hinein in die hohen Dünen im Westen der USA.

manchen Exemplaren müssten es sogar 15 Leute sein. Als wir den Wald vor Bäumen nicht mehr sehen, springen wir wieder ins Auto. „Achtung, Bären!" prangt auf dem Schild am Eingang des Zeltplatzes im Yosemite-Nationalpark. In fast jedem Park wird vor Meister Petz gewarnt. Wer in der freien Natur Nordamerikas übernachten will, der muss mit angriffslustigen Tieren rechnen. Die an den Menschen gewöhnten Bären sind das größte Ärgernis für Tier- und Parkschützer. Dass sie nämlich gefährlich werden können, vergessen viele. Vor ihnen sollte man nicht nur sein Essen luftdicht in Containern verschließen. Im Yosemite-Nationalpark macht man uns auch auf die Kosmetik im Kofferraum des Mietwagens auf-

Die Küstenmammutbäume sind die höchsten Bäume der Welt. Knapp 50 Prozent des natürlichen Bestandes wachsen im Redwood-Nationalpark in Kalifornien.

merksam. Bären haben scharfe Pranken. Selbst Zahnpasta fressen sie und reißen das Auto auf wie eine Sardinenbüchse, um an die Pfefferminzpaste heranzukommen. Wir verstauen alles sicher, schlüpfen in unsere Wanderschuhe und erkunden den Park. Zu Recht wurde der Yosemite-Nationalpark 1984 von der UNESCO zum Weltkulturerbe ernannt. Spektakuläre Wasserfälle stürzen von den gigantischen Granitfelsen. Klare Bäche fließen vorbei an saftigen Wiesen. Bunte Vögel fliegen durch die hohen Spitzen der Mammutbäume. Es könnte alles so schön sein. Wäre da nicht der Mensch! Jährlich fallen Millionen Besucher in den Park ein. Es gibt zahlreiche Imbissbuden und natürlich fehlt auch der Bustransfer vom Parkplatz zum nahe gelegenen Park-Museum nicht. Und mit den Touristen kommt der Dreck. Vögel mit Zigarettenkippen im Schnabel fliegen an uns vorüber, Chipstüten liegen zwischen den Bäumen.

Auf unserem belebten Campingplatz ist es nicht besser. Beim Einchecken werden wir darauf hingewiesen, doch bitte keine Tiere zu füttern. Verständlich! Leider nicht für jeden. Eine Familie verteilt fleißig abgekaute Hühnchenschenkel mit BBQ-Soße in der Umgebung und Kekse an die Eichhörnchen. Die sind mittlerweile so dick, dass sie sich kaum noch bewegen können. Uns bleibt nichts als ratloses Kopfschütteln. Und die Hoffnung, dass die Bären das Hühnchen nicht wittern.

Es wird immer heißer. Ein Jahrhundertsommer herrscht in den USA. Temperaturen um die 45 °C sind keine Seltenheit. Unter dem gleißenden Licht der Sonne wollen wir eigentlich nur noch eines: Abkühlung. Eis, kühles Wasser, einen frischen Apfel. Doch stattdessen halten wir uns strikt an den Reiseplan. Und der besagt: noch mehr Hitze! Saunafeeling im Death Valley. Das Tal gilt als einer der heißesten Orte der Erde.

Es ist schon 18 Uhr, aber die Sonne steht immer noch beharrlich hoch am Himmel. Wir pfeifen fröhlich vor uns hin, denn wir sitzen bei 24 °C im kühlen Wageninneren. Mit jedem Meter, den wir fahren, nimmt die Vegetation ab und die Hitze zu. Während wir voller Staunen das Umfeld beobachten, quält sich das Auto bis ins tiefe Tal.

Dort umgeben uns fast 3.000 Meter hohe Berge und die karge Mojave-Wüste. Im Kessel des Todes sammelt sich die Gluthitze. In dieser unwirtlichen Umgebung überleben nur ein paar trockene Grasbüschel. Regen ist äußerst selten. Die Fensterscheiben unseres Wagens sind kochend heiß. Sie glühen beinahe. Vor hundert Jahren wurde im Death Valley die Höchsttemperatur von 56,7 °C gemessen. Heute steigt das Quecksilber auf glatte 52 °C. Falk betätigt den Türöffner. Er will raus aus dem Auto. Dann beginnt er wie ein Reporter zu murmeln: „Als ich den Wagen verlasse, weht mir ein erbarmungsloser Föhn ins Gesicht. Ich spüre am ganzen Körper die Energie des Tales. Schweiß sammelt sich binnen Sekunden auf meiner Haut."

Unter der brutalen Hitze ist eine der bizarrsten Landschaften der Welt entstanden. Die Berge schimmern farbenfroh: rot, gelb, grau, und blau. Ein weiß-bläulicher Salzsee erstreckt sich in der Ebene. Uns überkommt ein Schauer. Nach den Niagarafällen ist das Tal des Todes Punkt zwei auf der Reise, an dem uns die Schönheit der Natur übermächtig in ihren Bann zieht. Ergriffen steigt Falk zurück in den Wagen. Er fühlt sich groß, diese Tat vollbracht zu haben. Er konnte der Hitze für wenige Minuten standhalten.

Mit stolzgeschwellter Brust gurtet er sich an. Jenni starrt derweil irritiert in die Ferne. Ein Mann mit einer Nummer auf der Brust rennt schnell auf uns zu. Als der Läufer nah an unserem Auto vorbeiflitzt, erkennen wir Startnummer sechs und den Hinweis: Badwater-Marathon. Ein 217 Kilometer

Das Tal des Todes liegt 85,5 Meter unter dem Meeresspiegel. Drumherum erheben sich 3.000 Meter hohe Bergketten. Im Kessel herrschen extreme Klimabedingungen.

....

langer Lauf quer durch das Tal des Todes. Verschämt versinkt Falk in seinem Sitz.

Die Sonne verschwindet hinter den Bergen. Eine halbe Stunde später ist sie untergegangen und tiefer Dunkelheit gewichen. Mit einem mulmigen Gefühl fahren wir durch die einsame Gegend. Nach 90 Minuten haben wir es geschafft. Lebendig verlassen wir das Tal des Todes.

Das Ende naht

In Los Angeles sollen wir nun das Päckchen mit den Ersatzkreditkarten aus Deutschland, einem neuen Handy und wichtigen Papieren überreicht bekommen. So haben wir es vor wenigen Wochen mit unseren Familien abgesprochen.

Als wir in der Heimat der Stars und Sternchen ankommen, kann von Entspannung keine Rede sein. Ob alles wie vereinbart klappt? Wir sind nervös. Wenn das Paket nicht in L. A. angekommen ist, werden wir die Weltreise abbrechen müssen. Als wir klingeln, die Tür sich öffnet und zwei nette Menschen uns das Paket überreichen, sind alle Spekulationen passé. Die Tour geht weiter.

Wir fallen uns in die Arme. Endlich können wir wieder unbeschwert die Reise genießen. Als Erstes zücken wir die neuen Kreditkarten im Disneyland von Los Angeles. In dem Vergnügungspark wollen wir einfach mal die Seele baumeln lassen. Einen Tag lang erleben wir die Abenteuer von Indiana Jones, rasen in einer Achterbahn durch völlige Dunkelheit und lassen uns von den singenden Papageien im Tiki-Room schon einmal auf den Dschungel einstimmen. Diese Erlebnisse können weder der berühmte Walk of Fame in Hollywood noch die Luxusvillen der Stars und Sternchen in Beverly Hills toppen. In Las Vegas, dem Casinoparadies, verstecken wir die neuen Kreditkarten ganz tief in der Tasche. Geld verspielen ist nicht unsere Art. Ein Blick auf die bunte amerikanische Glitzerwelt am Abend genügt. Dann steigen wir wieder ins Auto und starten in die Ferne.

Am Horizont deutet sich bereits ein ganz neuer Abschnitt unserer Weltreise an. Unser Autoradio empfängt erste spanischsprachige Radiostationen. Mexiko ist nicht mehr weit.

In Nogales, Arizona, stellen wir das Auto ab. Ab jetzt geht es mit Bus und Bahn weiter. Pfeifend bringt uns der Busfahrer von der Autostation in Nogales zur mexikanischen Grenze. Er setzt uns ab, wünscht viel Glück und braust wieder davon. Wir schultern unsere Rucksäcke, stiefeln vorbei an den US-Grenzbeamten und haben prompt unser nächstes Ziel vor Augen: Mexiko.

Mexiko

Größe: 2 Mio. km² ➡ 5,5 x Größe Deutschlands
Einwohner: 104 Mio.
Hauptstadt: Mexiko-Stadt
Währung: 1 Mexikanischer Peso = 100 Centavos
Preisniveau: moderat bis hoch
Zeit: MEZ –7 h
bis –9 h
Ländervorwahl: +52

Die Highlights

❶ Barranca del Cobre: Schwing dich auf den „Chepe"-Zug und erlebe eine unvergessliche Tour durch vier Vegetationszonen.

❷ Zacatecas: Begib dich auf die Spuren des Silbers und klettere hinab in alte Bergwerke.

❸ Die Ruinen von Palenque: Schleiche im Morgengrauen durch den nebligen Dschungel und entdecke Maya-Ruinen voller unerforschter Geheimnisse.

Typisch Mexiko!

Tortillas und schwarzer Bohnenbrei: Es gibt beides morgens, mittags und abends. Die Mexikaner sagen begeistert: „Wer das einmal gegessen hat und das Land verlässt, geht an Heimweh nach Mexiko zugrunde!"

Botschaft

Ort: Mexiko-Stadt • **Adresse:** Col. Los Morales Sección Alameda • **Telefon:** (+52 55) 52 83 22 00
E-Mail: embal@mail.internet.com.mx

☛ Gut zu wissen

Vergiss bei Busfahrten nie, eine Jacke oder einen Pullover mitzunehmen. Die Klimaanlagen sind grundsätzlich eisig eingestellt. Und geh vor jeder Fahrt noch einmal auf die Toilette. In vielen Bussen fehlt ein WC.

Viva la Mexiko!

Kaum haben wir den weißen Grenzstreifen überschritten, müssen wir feststellen: In Mexiko ist alles anders! Mit einem Schlag ändert sich unser ganzes Reisegefühl. Die Menschen sehen anders aus, essen seltsame Gerichte und sprechen zudem noch eine andere Sprache. Für uns heißt das nach den USA: Kulturschock! Doch schnell ist dieser überwunden. Schon nach wenigen Minuten steht Eduardo neben uns. Er ist Wachmann an der Bushaltestelle, von der wir am Abend an die Pazifikküste aufbrechen. Er empfängt uns offenherzig und wir kommen ins Gespräch. Wenn Eduardo gelegentlich seinem Dienst als Wachmann nachkommen muss, sprechen uns andere Reisende oder Mexikaner an. Immer wieder geht es ums Reisen und um die Familien. Mit den Mexikanern kann man sich wunderbar unterhalten, und wenn unser Spanisch nicht mehr ausreicht, dann setzen sie mit ihrem gebrochenen Englisch an. Sie können zwar die Sprache ihres Nachbarlandes sprechen, wollen diese aber so wenig wie möglich benutzen. Die Mexikaner sind stolz auf ihre eigene Sprache und ihr Land – der Patriotismus ist allgegenwärtig.

Mit dem Nachtbus geht es an der Pazifikküste entlang nach Los Mochis, wobei wir uns die angenehm kühle Luft der Klimaanlage um die Ohren wedeln lassen. Bei Außentemperaturen von bis zu 40 °C ist das ein Segen. Manchmal aber auch eine Qual. Denn immer dann, wenn der Busfahrer müde wird, regelt er die Klimaanlage auf Kühlschranktemperatur herunter. Wir verkriechen uns in die Strickjacken, die wir vorsorglich eingesteckt haben. Die Einheimischen fahren ganz andere Geschütze auf. Sie sitzen eingemummelt in Decken und Kissen im Bus.

Plötzlich macht es peng! Das monotone Motorengeheul des Busses wird unterbrochen durch Waffenschießereien und Schreie – natürlich nicht wirklich. Zum Standard des Busses gehört auch ein Fernsehprogramm. Actionfilme mit Steven Seagal, Arnold Schwarzenegger und Silvester Stallone laufen rauf und runter. „Knall!" und „Rums!" scheppert es bis tief in die Nacht aus den Lautsprechern.

Ohrenstöpsel haben wir dabei. Die pfropfen wir uns in die Gehörgänge und nicken weg.

Erschöpft erreichen wir nach einer langen Nachtbusfahrt den Ort Los Mochis an der nördlichen Pazifikküste Mexikos. Am Bahnhof kaufen wir uns die Karten für eine der schönsten Zugstrecken der Welt. Wir nehmen im Ferrocarril Chihuahua al Pacìfico, kurz „El Chepe", Platz.

Punkt sechs Uhr dampft der Chepe los. Er bläst dicken Qualm in die frische Luft. Es ist wie im Film. Wir fahren vorbei an Cowboys, die auf ihren Pferden sitzend die Kühe antreiben. Gemütlich reiten sie am Gleisbett entlang. Die zehnstündige Fahrt führt durch die wunderschöne Kupferschlucht „Barranca del Cobre". Wir holpern mit der Bahn durch flaches Farmland und tropischen Regenwald, vorbei an Wasserfällen und Seen. 37 Brücken liegen vor dem Chepe, durch 87 Tunnel muss er sich kämpfen. Auf 2.420 Metern, dem höchsten Punkt der Strecke, schnappt der Zug nach Luft. Jetzt geht es nur

Unser Trip durch Mexiko beginnt mit einer der schönsten Zugfahrten der Welt. Es geht mit dem Chepe einen Tag lang durch Dschungel, Tunnel und Schluchten.

noch abwärts. Am Nachmittag erreichen wir den Aussichtspunkt Divisadero. Hier hält der Chepe rund eine Viertelstunde. Wir springen aus dem Zug, die Kamera im Anschlag. Von hier aus können wir die Schlucht, die vier Mal so groß ist wie der Grand Canyon in den USA, bestaunen und fotografieren. Klick, klick – Jennis Kamera kommt nicht zur Ruhe. Aber auch hinter uns wird emsig geknipst. Indios stricken am Gehweg bunte Trachten. Andere backen auf offener Straße Empanadas, gefüllte Teigtaschen. Es geht geschäftig zu am touristischen Höhepunkt der Eisenbahnfahrt. „Tuuut, tuuut", ruft der Chepe viel zu früh. Noch ein letztes Bild und schon sitzen wir wieder im Zug.

Endstation: Tal der erigierten Penisse

Creel ist ein charmantes Örtchen am Rande der Barranca del Cobre und direkt an der Bahnschiene des Chepe gelegen. Von hier aus machen wir uns auf zu einer großen Fahrradtour. Wir treten in die Pedale und erkunden die eindrucksvolle Gegend. Es geht durch kühle Kiefernwälder bis hinunter ins Tal der erigierten Penisse. Skurrile Felsformationen, die senkrecht gen Himmel ragen, haben dem Gebiet seinen Namen gegeben. „Die sehen ja wirklich aus wie ..." Früher hielten hier die Ureinwohner, die Tarahumara, ihre Fruchtbarkeitsrituale ab. Die Männer kamen in das Tal, um ihre Erektion zu prüfen, und die Damen, um die Gebärfreudigkeit zu kontrollieren. Die Tarahumara leben noch heute hier. Das Volk gehört zu einem der wenigen Indianerstämme, die sich standhaft gegen die moderne Zivilisation wehren.

Plötzlich taucht eine dunkelhäutige Frau aus dem Dickicht auf. Sie trägt ein buntes Strickkleid, ein Kopftuch schützt sie vor der heißen Sonne. Bis auf wenige Meter nähert sie sich. Langsam und behutsam. Dann bleibt sie stehen und legt uns vorsichtig einige Holzpüppchen vor die Füße. Die Tarahumara-Frau sagt keinen Ton. Wortlos stehen wir uns gegenüber. Als Symbol der Freundschaft zückt Falk etwas Geld und kauft eine der geschnitzten Figuren. Für drei Pesos. Groß-

„Valle de los Monjes" – das Tal der erigierten Penisse liegt weitab vom nächsten Ort. Mit dem Fahrrad erreicht man die Gegend aber schnell und einfach.

zügig wie er ist, gibt er das Doppelte. Die Frau trabt beleidigt davon. Falks Trinkgeld sind umgerechnet nur eine Handvoll Cent. Ups!

Zwei Tage später bringt uns der Bus nach Zacatecas. Die Stadt ist berühmt für die großen Silbervorkommen sowie die dazugehörigen Minen. Wir steigen hinab in die „Mina del Eden", erkunden Museen und prunkvolle Kirchen. Frisch sanierte Kolonialhäuser formen das Stadtbild. Der Kulturreichtum Zacatecas' ist ein wahrer Segen. In einem niedlichen Straßencafé genießen wir den ersten wirklich guten Kaffee unserer Weltreise. Nach zweieinhalb Monaten. In Kanada und den USA gab es nur braunes, fades Wasser und im zuvor bereisten Teil von Mexiko nur lieblosen Instantkaffee – wir sind mittlerweile ein bisschen kaffeemüde. Angeblich wird er besser, je weiter man Richtung Süden vorstößt. Die Hoffnung stirbt zuletzt!

Seit zweieinhalb Monaten essen wir fremdländisch. Amerikanisches Frühstück mit Pancakes und Ahornsirup macht dick. Und auch ein mexikanisches Frühstück ist nicht jedermanns Sache. Bohnenbrei und Maisfladen kann Jenni bereits nach zwei Wochen nicht mehr sehen. Gut, dass Zacatecas' Kulturreichtum bis nach Italien reicht. Heute wird fremdgegessen! Wir finden ein wunderschönes italienisches Restaurant. Das Licht ist gedämpft, rot-weiß karierte Decken schmücken die Tische, Knoblauchduft hängt in der Luft. Bilder und Fotografien erinnern an Europa. Unser Appetit auf Pasta ist geweckt. Falk entscheidet sich zudem für ein Steak. Die obligatorischen frischen Chilischoten kommen als leicht angedünstete Beilage hinzu. Ob Tacos, Omelette oder Schokoriegel. Es scheint, als ob die Mexikaner alles mit Jalapeños essen. Sie ist eine der beliebtesten Chili-Sorten. Dummerweise probiert Falk ein Stückchen von der Schote. Sofort schießen ihm die Tränen in die Augen, sein Mund brennt höllisch. Auch das kühle Bier löscht das lodernde Feuer nicht. Blitzschnell organisieren die Kellner Milch und Brot. Anschließend verstecken sie sich in einer Ecke und lachen schadenfroh. Mit Mund- und Bauchschmerzen verkriechen wir uns ins Hotelbett. Am nächsten Morgen lernt Falk dann, was der berühmte Ausspruch bedeutet: „Jalapeños brennen zweimal!"

Sonne und Mond in Mexiko

Aus der Klimaanlage des Busses bläst eiskalte Luft und im Fernseher wird wieder geballert und geboxt. Ein Schild im Bus sagt: Rauchen verboten! Alle halten sich daran. Nur der Busfahrer zieht genüsslich an seiner Kippe. Wir haben uns auf der Fahrt nach Guadalajara in die hinterste Ecke verkrochen und beobachten die typisch mexikanische Lebensart. Bei der Ankunft ist es bereits dunkel. Für diese Nacht haben wir ausnahmsweise mal eine Unterkunft über das Internet vorgebucht. Denn Guadalajara ist als zweitgrößte Stadt Mexikos nachts nicht unbedingt das sicherste Pflaster.
Der Hunger raubt uns am nächsten Morgen weitere Träume. Nach dem raschen Aufstehen ziehen wir los auf der Suche nach einem mexikanischen Frühstück: schlabbriges Rührei, schwarzer Bohnen-

Ein Schmuckgeschäft in San Cristóbal de las Casas. Der Besitzer
scheint schon lange keine Ringe mehr verkauft zu haben.

brei und Tortilla. Dazu wieder Instantkaffee. Wir werden fündig.
Zwischen alten Kolonialbauten, einem imposanten Regierungssitz
und einer Kathedrale wie aus dem Bilderbuch liegt ein kleines idyl-
lisches Restaurant. Doch das ist nur die eine Seite Guadalajaras. Auf
der anderen führen schmuddelige und verkehrsüberlastete Straßen
durch das Zentrum. Jede Menge Autoabgase kriechen beim Frühstück unsere Atemwege entlang. Gesättigt husten wir uns weiter
durch die Stadt, bis wir vor den Abgasen kapitulieren und uns in

Nur sehr früh am Morgen hat man seine Ruhe in Teotihuacán. Ab 9 Uhr strömen Touristen und Händler in die uralte mexikanische Metropole nahe Mexiko-Stadt.

den nächsten Bus stürzen. Nach Puebla. Doch auch in der Volks-wagen-Stadt – der deutsche Autobauer betreibt hier ein riesiges Werk – laufen wir mit zugehaltenen Nasen die Fußwege entlang. Puebla ist wunderschön (UNESCO-Weltkulturerbe), aber der Ge-stank der mexikanischen Autos weckt Fluchtinstinkte. Die Städte hier sind einfach nichts für unsere verwöhnten europäischen Nasen. Während daheim in Deutschland über eine Verbesserung der Luft durch höhere Abgasnormen und Feinstaubfilter gestritten wird, kontern die Mexikaner bei diesem Thema oft nur mit: „Hä? ... ¿Qué es esto?" („Was ist das?")

Eine Stadt ohne Abgase ist Teotihuacán. Sie war einst die größte Metropole des amerikanischen Kontinents. In der Zeit zwischen 300 und 600 n. Chr. lebten bis zu 150.000 Indios aus aller Herren Länder in der Stadt. Der Legende nach versammelten sich genau an diesem Ort die Götter, um über die Erschaffung des Menschen zu beraten. Es muss ein unproduktives Treffen gewesen sein. Vor 1.500 Jahren, so spekulieren Wissenschaftler, gab es in Teotihuacán eine große Schlacht. Von einem blutüberströmten Platz ist die Rede. Als die Azteken Teotihuacán 400 Jahre später entdeckten, war der Ort menschenleer. Nicht so heute. Im neuen Jahrtausend gehört die Stadt zu den wichtigsten Touristenzielen Mexikos.

Esoteriker erklimmen bereits zum Sonnenaufgang die zwei mächtigsten Pyramiden. Die Sonnenpyramide ist mit 63 Metern Höhe die drittgrößte Pyramide der Welt. Ihr kleinerer Bruder, die Mondpyramide, ist nicht weniger imposant. Als wir morgens um neun Uhr in Teotihuacán ankommen, ruht die archäologische Grabungsstätte friedlich. So teilen wir den Blick von der Sonnenpyramide nur mit ein paar Sonnenanbetern. An jeder Ecke der gewaltigen Zeremonienstätte machen sie Halt, heben ihre Arme und saugen die Energie des magischen Ortes auf. Gegen Mittag ist das Schauspiel vorüber. Von nun an herrscht auf den Plätzen Teotihuacáns reges Treiben. Mit fortschreitender Stunde bieten Souvenirhändler ihre Waren an. Sie erobern nun lautstark die Vorplätze der Pyramiden. An jeder Ecke sollen wir lustige Pfeifen, Obsidiansteine und Schmuck kaufen. Wir kommen nicht dran vorbei. Eine Pfeife werden wir mit auf den weiten Weg unserer Weltreise nehmen. Fünf Pesos, also nur wenige Cents, kostet uns diese Erinnerung, die ein ganzes Leben bleibt.

➡ **Jenni empfiehlt**

Plane Zeit für die Suche nach einer geeigneten Unterkunft ein. In vielen Zimmern lauert giftiger Schimmelpilz. Wegen der sehr hohen Luftfeuchte in Südmexiko bilden sich hier schnell Sporen, die in vielen mexikanischen Gebäuden einen muffigen Geruch verbreiten.

Im Dschungelparadies der Maya

Das kleine Gebiet El Pachán liegt zwischen dem Ort Palenque und den gleichnamigen Maya-Ruinen, mitten im Dschungel. Wir schleppen uns mit den 20 Kilogramm schweren Rucksäcken in eine kleine Palmenhütte samt Moskitonetz. Das werden wir für die Nacht gut gebrauchen können. Rings um uns hängen Lianen von den Bäumen. Bunte Kolibris saugen an den riesigen roten Hibiskusblüten. Die Luft wird erfüllt von Vogelstimmen und Insektenrauschen. Wir tauchen zum ersten Mal in den Dschungel ein und sind überwältigt. Unsere Sinne werden von Millionen unbekannter Reize überflutet. Bis zum Abend(b)rot lassen wir die neue Welt auf uns wirken.

Neben uns fließt ein kleiner Bach. Um uns herum ranken suppenschüsselgroße Blätter und Blumen, die in den Farben des Regenbogens schillern. Wir sitzen in einem typisch mexikanischen Dschungelrestaurant, genießen ein perfektes Essen, saugen den Charme des Urwalds in uns ein und lauschen der Live-Musik. Hier könnten wir die ganze Nacht sitzen. Der Dschungel ist schon ein abenteuerliches Erlebnis, auch wenn um uns herum einige Menschen sind. Wie wird es erst, wenn wir bald ohne zivilisatorischen Schutz durch das Dickicht laufen? Einen ersten Eindruck bekommen wir, als wir über Dschungelpfade zu unserer Hütte zurückkehren. Wir können die Hand vor Augen nicht sehen, so stockduster ist es hier. Ein kleines Glühwürmchen leuchtet uns den Weg. Jenni erschrickt, sobald ein Jaguar brüllt, ein Paradiesvogel flattert oder eine Schlange zischt. Zumindest bildet sie sich diese Tierwelt in der Dunkelheit ein.

Die Nacht wird warm und laut. 80 Prozent Luftfeuchte machen das Einschlafen schwer. Die grauen Geckos, die in unserem Haus herumhuschen, quietschen und knurren fröhlich vor sich hin. Die neue Welt lässt uns nicht schlafen. Um sechs Uhr bahnen wir uns einen Weg durch das Moskitonetz hinaus an die frische Luft. Ein herrlicher Morgen bricht an – wie gemacht für eine Tour zu den Ruinen von Palenque. Die Maya-Stätte ist pure Magie. Wir besteigen die Ruinen, finden alte Hieroglyphen, Gräber, dunkle Schächte. Alles wurde ohne die Hilfe von Metallwerkzeugen, Lasttieren und Rädern errichtet. Immer tiefer tauchen wir ein in das Reich der Maya. Man muss sich nur mal vorstellen, wie hier hunderte, gar tausende Menschen gelebt haben. Vor unserem inneren Auge erscheinen Zeremonienmeister. Ein König, der die Verbindung zwischen der Götterwelt und den Menschen aufrechterhält, tanzt auf dem Tempel. Dann endet unsere Vorstellungskraft. Wir wissen zu wenig über die Maya, als dass wir uns ein Bild machen könnten. Wie die Wissenschaftler, die ebenso im Dunkeln tappen und hoffen, mehr über die Lebensweise und das Wissen der Maya herauszufinden. Erst wenige Prozent von B'aakal, so der ursprüngliche Name der Stadt, haben die Archäologen bisher ausgegraben. Viele Schätze liegen noch im Dschungel verstreut. Begeistert stehen wir vor den Meisterwerken aus Kalkstein und kommen aus dem Staunen nicht mehr heraus. Diese gigantischen Bauten überragen alles bisher Gesehene. Aus den weiter entfernten Wäldern schreien Brüllaffen. Die tiefen Laute hallen durch die Maya-Tempel. Aber nach mehreren Stunden im

Tief im Dschungel verborgen liegt Palenque – eine der südmexikanischen Maya-Stätten. Aus dem satten Grün des Regenwalds erheben sich die Tempel.

Dschungelparadies ist die Puste raus. Die Hitze drückt und die Füße schmerzen. Die Entdeckertour hat ein Ende. Jetzt bibbern wir im Sitz eines Busses, der sich durch enge Kurven, schmale Serpentinen und an steilen Klippen entlangschlängelt.

Gummifleisch als letzter Ausweg

Wir geben es zu: Wir haben Angst! Wir sausen mit dem Bus Richtung Karibik. Mérida heißt unser Ziel. Die Stadt liegt am Golf von Mexiko. Angeblich werden viele Nachtbusse auf dieser Strecke überfallen. Männer mit Masken und Pistolen jagen durch unsere Köpfe. In Gedanken werden wir bereits unserer Sachen beraubt – mitten im Nirgendwo. Erst als die Sonne den Horizont erreicht und wir sicher in Mérida landen, verfliegt die Angst.

Mérida – diese Stadt wird uns als der frechste Ort auf der Weltreise in Erinnerung bleiben. Auf den wenig spannenden Stadttouren werden wir auf Schritt und Tritt verfolgt. Erst von einem, später von mehreren Mexikanern, die uns in Restaurants zerren wollen. Für jeden angeworbenen Gast bekommen die Verfolger eine Vermittlungsprovision. Manch einer scheint in diesem Gewerbe richtig Karriere machen zu wollen und nimmt seinen Job derart ernst, dass er handgreiflich wird. Hin und wieder ist ihr aggressives Werben erfolgreich, denn zweimal am Tag bekommt jeder Hunger. Auch wir! Und so müssen wir uns den Karrieristen so manches Mal beugen, doch in den Restaurants geht der Ärger weiter. In einem pocht der Kellner zusätzlich auf mindestens 25 Prozent Trinkgeld, in zwei Bars versucht man uns über den Tisch zu ziehen. Hoppla, ein Essen zu viel auf der Rechnung. Passiert sonst nie! Am letzten Tag flüchten wir in ein Fast-Food-Restaurant. Milchbrötchen und Gummifleisch landen in unseren Mägen. Aber dafür stimmt die Rechnung! Zwei Tage später und enttäuscht von der Mentalität der Menschen tuckern wir weiter an die Karibikküste. Nach genau drei Monaten sehen wir ihn wieder – den Atlantik. Er hat sich seit New York City sehr gewandelt.

Nun ist sein Wasser warm, sanft, himmelblau. Stundenlang treiben wir auf der Wasseroberfläche, bis die Haut unserer Finger vom Meersalz wie bei runzligen Rosinen zusammengeschrumpelt ist. Jetzt ist es allerhöchste Zeit, sich in der Sonne zu trocknen. Am Karibikstrand, einem Traum aus Weiß. Trotz unserer Bekenntnis zum Atheismus sind wir uns einig: Als Gott die Karibik erschuf, hatte er wohl einen fantastischen Tag.

Tulum – die eindrucksvolle Maya-Ruine liegt direkt am glasklaren Wasser. Wir mieten uns am Strand eine kleine Hütte, die aus ein paar zusammengeschusterten Brettern und einem Dach aus Palmenblättern besteht. Ein Bett steht drin, die Matratze riecht schimmlig, darüber ist das obligatorische Moskitonetz gespannt. Zehn Euro kostet die Nacht im Stile von Robinson Crusoe. Am Abend leuchten uns zwei schlanke Kerzen den Weg zum Bett. Kaum haben wir uns hingelegt, schlägt das Wetter um. Erst setzt ein heftiger Wind ein, der die Kerzen am Boden ausbläst. Die Hütte liegt nun im Dunkel der Nacht. Wir kuscheln uns trotz Hitze aneinander. Dann beginnt es zu tröpfeln. Erst ganz wenig, dann gießt der Tropenregen auf uns nieder. Unser Palmendach ist undicht. Stetig werden unsere Füße befeuchtet. Wie aus Eimern gießt es jetzt. Doch zum Regen gesellt sich in gleicher Sekunde ein heftiges Gewitter! Einen solchen Don-

Die kleine Krabbe sucht in unserer Hütte Schutz vor dem Unwetter.

Einmal fühlen wie Robinson Crusoe! Mexiko macht's möglich: eine Bretterhütte am Strand, himmelblaues Wasser, Palmen. Romantik pur!

nerschlag haben wir noch nie gehört. Blitze zucken und tauchen die Welt in ein grelles Licht. Keine zehn Meter von uns entfernt schlägt ein Blitz in eine Palme ein und lässt das Holz splittern. Wir schrecken hoch und sind uns einig: Wir sind gerade knapp dem Tod entgangen! Die halbe Nacht verbringen wir in Angst, von einem umstürzenden Baum erschlagen zu werden. Doch wir überleben das Unwetter und der nächste Tag entschädigt für alles. Als wir am Morgen noch halb verschlafen aus der Hütte krabbeln, hat sich der Sturm gelegt. Die Sonne blinzelt friedlich über den Horizont, das Meer schimmert wie tags zuvor hellblau.

Mit diesem Bild verabschieden wir uns einen Tag später von Mexiko. Wir lassen unsere gefährlich-romantische Regenhütte und das warme Meer hinter uns. Jetzt geht es weiter nach Guatemala – laut der Internetseite des Auswärtigen Amtes eines der gefährlichsten Länder Amerikas. Man warnt vor bewaffneten Raubüberfällen und Vergewaltigungen. Wir wagen die Reise trotzdem.

Guatemala

Größe: 109.000 km² ➡ 1/3 x Größe Deutschlands
Einwohner: 13,4 Mio.
Hauptstadt: Guatemala-Stadt
Währung: 1 Quetzal = 100 Centavos
Preisniveau: niedrig
Zeit: MEZ –7 h
Ländervorwahl: +502

Die Highlights

❶ **Tikal:** Erklimme einen Mayatempel, genieße den Blick über das Dach des Dschungels und lausche den Brüllaffen.

❷ **Antigua:** Komm auf Tuchfühlung mit Vulkanen und erlebe eine der schönsten Kolonialstädte Mittelamerikas.

❸ **San Pedro la Laguna:** Lege einen mehrtägigen Zwischenstopp am Atitlan-See ein und nimm teil an einem Spanisch-Sprachkurs.

Typisch Guatemala!

Chicken-Busse: Diese uralten US-amerikanischen Schulbusse sind das günstigste Verkehrsmittel. Sie laden alles ein, was mitfahren will. Sogar Hühner (Chicken)!

Botschaft

Ort: Guatemala-Stadt • **Adresse:** 20 Calle 6-20, Edificio Plaza Maritima, Zona 10 • **Telefon:** (+502) 23 64 67 00
E-Mail: embalemana@intelnet.net.gt

☛ Gut zu wissen

Behalte in Mittelamerika die Wechselkurse der Landeswährungen im Auge. An den Grenzen wirst du mit Geldwechslern in Kontakt kommen, die versuchen werden, dich über den Tisch zu ziehen. Vertraue nicht ihren Taschenrechnern und beharre auf einem korrekten Wechselkurs.

Mit der Taschenlampe nach Tikal

Wir ruckeln von der mexikanischen Grenze über Belize nach Guatemala. Der uralte Bus sieht reichlich mitgenommen aus. Der Fahrer fast noch schlimmer. Wir sind die einzigen Fahrgäste. Es ist mitten in der Nacht. Die Sitze sind hart und vor uns liegt eine Horrorfahrt von zehn elendig langen Stunden.

Am frühen Nachmittag erreichen wir das Tor nach Guatemala. Die Schlange am Einreiseschalter ist lang. Wir müssen warten. Der Grenzübertritt gerät zum kleinen Fiasko. Die Geldwechsler hauen uns kräftig übers Ohr und eine Einreisesteuer, die es eigentlich gar nicht gibt, bezahlen wir auch noch, unerfahren und müde wie wir sind! Aber der Weg nach Guatemala ist frei!

Gemütlich rollt der alte Bus über die staubige Schotterpiste nach Flores, eine Stadt im Norden des Landes. Gekonnt lenkt der Fahrer das alte Gefährt um die tiefen Schlaglöcher im Boden herum. Freundlich lächelt er in den Rückspiegel. Er scheint nichts Böses vorzuhaben. Oder? Plötzlich kommt der Bus mit einem lauten Ächzen zum Stehen. Staub wirbelt auf. Warum halten wir mitten im Nichts? Will man uns ausrauben? Sekunden vergehen. Dann hievt sich eine ältere Frau über die verrosteten Stufen ins Innere des Busses. Unter dem Arm trägt sie einen Korb und auf dem Rücken eine Kiepe voll Grünzeug. Als sie den Korb in der Ablage über den Sitzen verstaut, entdecken wir, dass wir noch einen Fahrgast mehr haben – ein weißes, schimpfendes Huhn. Die Frau lässt sich auf einen der Sitze fallen, wischt sich ein paar graue Haarsträhnen aus dem verschwitzten Gesicht. Dann dreht sie sich zu uns um, beäugt uns einige Zeit, lächelt schließlich und begrüßt uns nett.

Noch einige Male erleben wir auf unserer Fahrt, dass der Bus irgendwo im scheinbaren Nichts anhält und Leute aufsammelt oder absetzt. So funktioniert das Bussystem in Mittelamerika. Wir fragen uns: Wieso gibt es in Deutschland Haltestellen? Klappt doch so auch ganz prima.

Nach etlichen Stunden holprigen Weges erreichen wir endlich das historische Zentrum von Flores, gelegen auf einer Insel im Lago de

Petén Itzá. Eine 500 Meter lange Brücke reicht über den See bis in den Nachbarort Santa Elena. Zur Zeit der spanischen Eroberung war Flores die wahrscheinlich letzte Zeremonienstätte der Mayas, übersät mit Tempeln und Pyramiden. Die Konquistadoren plünderten den Ort, zerstörten die Gebäude und hinterließen blankes Chaos. Obwohl von den Schätzen des Indianervolkes in der Stadt nichts übrig geblieben ist, pilgern viele Reisende nach Flores. Von dem kleinen Ort im See geht es geradewegs nach Tikal – zur wohl beeindruckendsten Maya-Stätte.

Um drei Uhr morgens klingelt der Wecker. Eine halbe Stunde später startet die Tour – in die dunklen Weiten Guatemalas. Zusammengepfercht sitzen wir in einem prall gefüllten Touristenbus. Na, wenn das keine eindeutige Einladung für Busräuber ist! Aber wir rollen ruhig über die Straßen und kommen um vier Uhr in der Maya-Stätte an. Bewaffnet mit Taschenlampe und Moskitospray ziehen wir in den stockdusteren Dschungel von Tikal. Vorneweg Luis, unser Tourführer. Leise stapfen 15 Touristen aus aller Welt hinter ihm her. Es knistert und raschelt im Gebüsch und in den Bäumen. Spinnen und Schlangen leben hier, ebenso Affen und Jaguare. Wir sehen erst einmal nur Raupen und Motten. Dann stehen wir vor

....

Dämmert der Morgen in Tikal, erwachen die Dschungelbewohner. Die Brüllaffen wecken die Maya-Stadt mit ihren durchdringenden Rufen.

Eine besondere Magie umgibt Tikal, die Maya-Stätte im Dschungel Guatemalas. Hier spürt man sie – die Macht der untergegangenen Kultur.

einer schmalen Treppe aus Holz. Einige Stufen knarren laut unter unserem Gewicht. Andere existieren schon gar nicht mehr. Nach ein paar Minuten Aufstieg erreichen wir die Spitze des höchsten Tempels in Tikal. Neben etwa 50 anderen Besuchern nehmen wir auf den breiten Steinstufen Platz. Die Baumkronen des Dschungels liegen direkt vor uns, noch hängt dichter Nebel über Tikals Regenwald.

Erst nach und nach schleicht die Sonne über den Horizont und taucht die Szenerie vor uns in ein sanftes Licht. In diesem Moment hören wir sie: die Brüllaffen. Aus tiefster Kehle schreien sie durch die Baumspitzen. Wüssten wir es nicht besser, wir würden denken ein Löwe brüllt. „Manche Führer erzählen den Leuten, das seien Jaguare. Aber glaubt mir: Es sind tatsächlich die Affen", erklärt uns Luis. Mensch, müssen das riesige Tiere sein! Gefangen von dieser fantastischen Atmosphäre sitzen wir einfach da, auf einem uralten Maya-Tempel mitten im Dschungel und lauschen den brüllenden Affen im Morgengrauen. Wow!

Der Sonnenaufgang fällt leider weniger spektakulär aus. Ein kurzer roter Schimmer am Horizont – das war's. Die Stätte ist auch ohne viel Sonne atemberaubend. Bis jetzt sind erst 20 Prozent des ganzen Gebietes freigelegt. Die restlichen Ruinen und mit ihnen tausende Geheimnisse liegen noch unter dichtem Gras und Wald verborgen. „Es wird noch Jahrzehnte dauern, bis ganz Tikal entdeckt und ausgegraben ist", sagt Luis. Staunend laufen wir vorbei an den ehemaligen Wohnhäusern, an Gräbern und Opferstätten. Schade nur, dass sich die Sonne bis zu unserer Rückfahrt immer noch hinter dicken Nebelschwaden versteckt. Zum Abschied hangeln sich zwei Affen über unseren Köpfen durch die Bäume. „Das sind Brüllaffen", freut sich Luis. Wir schauen gespannt nach oben und sehen zwei kleine Kerle, die von Ast zu Ast hüpfen. Knapp über 70 Zentimeter messen die hellbraunen Schreihälse. Ihre Balzlaute noch im Ohr, verlassen wir den magischen Ort. Uns steht eine Fahrt quer durch eines der gefährlichsten Länder bevor. Hoffentlich meint es Guatemala weiterhin gut mit uns!

Guatemala: Sicher gefährlich

Mit quietschenden Reifen rast unser Fahrer José über die guatemaltekischen Straßen. Auf der letzten, sehr unbequemen Sitzbank des weißen Minibusses rutschen wir von einer Ecke in die andere. Über uns auf dem Dach liegen die Rucksäcke. Auch die rutschen hin und her und schlagen fest gegen die Stangen des Gepäckträgers. Wir schaffen es, kurzzeitig einzuschlafen. Aber als unser Kopf gegen die Seitenscheibe knallt, weil sich der Bus etwas zu sehr in die Kurve legt, sind wir wieder hellwach. Die Vordersitze quetschen derweil unsere Beine ein. So schlafen wenigstens die!

Das guatemaltekische Bussystem ist prima. Man kommt nämlich immer an. Die Frage ist nur: wann? Die 300 Kilometer lange Minibus-Tour von Flores nach Antigua dauert inklusive eines nächtlichen Zwischenstopps in Cobán 30 Stunden und ist mit 20 Euro für mittelamerikanische Verhältnisse recht teuer. Wesentlich billiger geht es mit ausrangierten US-amerikanischen Schulbussen, die den größten Teil des öffentlichen Busverkehrs in der Region abdecken. Sechs Euro kostet die Fahrt, die dann aber schnell zum fragwürdigen Abenteuer wird. Die Busse sind extrem unbequem, laut und stickig. Dafür sind sie in den schillerndsten Farben angemalt. Und sie fahren. Meistens. Und wenn nicht, dann repariert der Busfahrer sein Gefährt auf die Schnelle selbst. Nur kann sich so eine Tour dann auch auf mehrere Wochen ausdehnen. Diese Zeit haben wir nicht!

Die Fahrt im schnellen Minibus von José ist mörderisch anstrengend. Auch weil wir ständig die Warnungen des Auswärtigen Amtes im Hinterkopf haben: „Überfälle auf Busse sind keine Seltenheit." Aber die unkomfortablen Sitze bleiben das einzige Übel auf dieser Fahrt, obwohl an der Frontscheibe ein großes, gelbes Schild mit der Aufschrift „Tourismus" prangt. Wir überstehen sogar Guatemala-Stadt ohne einen Vorfall. Nur der Engländer neben uns scheint etwas nervös zu sein, als wir in die Hauptstadt des Landes fahren. „Ich war vor einigen Tagen schon einmal hier. Leider bin ich bei einem Spaziergang in eines der unsicheren Viertel geraten. Zwei Leichen lagen dort auf der Straße und Leute mit blutigen Händen liefen an mir vorbei", erzählt er uns. Er scheint erleichtert, als wir den Flughafen erreichen und er aussteigen kann. Wir rasen weiter über die Straßen, hinaus aus Guatemala-Stadt, hinein nach Antigua. Das hübsche Städtchen ist eines der Touristenziele. Kein Wunder: Drei Vulkane umschließen den Ort mit den kleinen Gassen und den alten, bunten Kolonialbauten. Blau, rot, ocker, gelb, pink – die Häuser sehen fantastisch aus. Historische Ruinen zeugen vom schicksalhaften Erdbeben am 29. Juli 1773. An diesem Tag versank die ehemalige Hauptstadt in Schutt und Asche. Heute ist Antigua Weltkulturerbe. Unzählige Besucher strömen in die Bars – sie locken zum abendlichen Feiern, Cocktailschlürfen und Entspannen. Außerdem ist man in

➡ **Falk empfiehlt**

Wer glaubt, die Mayas seien allesamt ausgestorben, der irrt. In Guatemala gelten mehr als die Hälfte aller Einwohner als direkte oder indirekte Nachfahren der geheimnisvollen Hochkultur, die aus noch ungeklärten Gründen vor rund 1.000 Jahren urplötzlich unterging. Die Mayas sind stolz auf ihre Kultur und die vielen unterschiedlichen Sprachen. Zeige dich interessiert für die lokale Sprache und die Mayas schließen dich schnell ins Herz.

In der alten Kolonialstadt Antigua treffen Welten aufeinander. Neben alten Kutschen poltern umgebaute US-amerikanische Schulbusse über das Kopfsteinpflaster.

Antigua wieder einmal unter sich. Deutsche, US-Amerikaner und Holländer verbringen viel Zeit in der pulsierenden Stadt. Die einen mögen es, die andern verteufeln es! Wir lieben es, nach drei Monaten Weltreise endlich auch wieder vertraute Gesichter zu sehen und Deutsch zu sprechen. Im „Jardin Bavaria" schlemmen wir Nürnberger Bratwürstchen mit süßem Senf, Kartoffelsalat und Weißbier. Der Besitzer des bayrischen Spezialitätenrestaurants ist – wie sollte es auch anders sein – ein Bayer. Klaus ist vor 15 Jahren nach Guatemala ausgewandert und sieht sein Leben in diesem Land weniger gefährlich: „Jedes Land hat seine Regeln! Hier darf man nicht mit einem gefüllten Portmonee herumlaufen oder 'ne Rolex am Handgelenk tragen. In Deutschland darfst du nicht über eine rote Ampel gehen, sonst wirst du überfahren."

Auf dem Heimweg ins Hotel diskutieren wir unsere weiteren Reisepläne. Wir haben zwei Wochen Zeit einen Sprachkurs zu belegen, um die Einheimischen besser zu verstehen und schneller mit ihnen ins Gespräch zu kommen. Der Entschluss wird sich als eine Entscheidung fürs Leben herausstellen!

Gefangen vom Krater

Schriftsteller Aldous Huxley sprach vom „schönsten See der Welt" und meinte damit das vor uns liegende Ziel, den Atitlan-See in Guatemala. Er ist eine Caldera, ein Kraterloch, gefüllt mit blauem und klar schimmerndem Wasser. An den Ufern erheben sich drei mächtige Vulkane, die die Traumlandschaft überragen. Der See ist umgeben von kleinen Städten und winzigen Dörfern. Friedlich liegen sie an den teils steilen Kraterhängen. Wir wollen nach San Pedro – laut Reiseführer ein niedlicher Ort und Heimat der günstigsten Spanisch-Schulen Mittelamerikas. Als wir nach einer Stunde Bootsfahrt in San Pedro anlegen, sind wir uns sofort einig: Hier bleiben wir! Für zwei Wochen – mehr wird unser Zeitplan wohl nicht hergeben. Das erste Mal seit Beginn unserer Reise verbringen wir längere Zeit an einem Ort. Endlich mal wieder ein bisschen sesshaft werden. Nicht jeden Tag den Rucksack schultern zu müssen tut gut!

Zwei Wochen lang wohnen wir bei dem Maya-Pärchen Paulina und Francisco. Tiefe Einblicke in ihr Leben mit all seinen Facetten erwarten uns.

Am Steg blicken wir uns um und entdecken bereits mehrere Wegweiser zu Sprachschulen. Wir wollen unsere Wahl in aller Ruhe treffen und nehmen uns für den ersten Abend ein Zimmer über den Dächern des Ortes. Das mehrstöckige Hotel San Francisco überragt sämtliche Gebäude San Pedros. Wir bekommen das Zimmer in der obersten Etage samt Hängematte. Von hier haben wir den perfekten Ausblick über den Atitlan-See.

Später ziehen wir durch die engen Gassen. Die Wege sind selten gepflastert, oft bildet Staub die Grundlage. Hunde tollen herum und bellen, Kinder spielen.

Wir klappern rund zehn Sprachschulen ab, doch gleich die zweite hat es uns angetan. Wir entscheiden uns für die „San Pedro Sprachschule". Für 85 Euro pro Woche vertiefen wir fünf Stunden täglich unsere Spanisch-Kenntnisse. Jeder Schüler bekommt seinen eigenen Lehrer. Ausschlaggebend ist aber auch die Möglichkeit, für zwei Wochen bei einer Maya-Familie zu wohnen. Die Chance lassen wir uns nicht entgehen. Nach der Nacht im Hotel schultern wir die Rucksäcke und ziehen zu Paulina und Francisco. Das ältere Pärchen wohnt in einem schönen Haus nahe der Schule und vermietet schon seit Jahren Zimmer an die Schüler.

Herzlich werden wir von unseren Maya-Pflegeeltern empfangen. Paulina zeigt uns unser Zimmer mit zwei Betten und einem Schreibtisch. Dusche und Toilette sind gleich nebenan. Gemeinsam trinken wir einen echten, frisch zubereiteten Guatemala-Kaffee aus der Region. „Den trinken alle hier", erzählt uns Paulina. Sogar die Jüngsten. Stark verdünnt nuckeln schon die Babys Kaffee.

Da heute Sonntag ist, der einzige Tag, an dem wir uns selbst verpflegen müssen, machen wir uns gegen Mittag auf die Suche nach einem Restaurant. Heute zeigt sich der ganze Charme des Ortes. Die Leute sind freundlich und bemüht, den vielen Spanisch-Schülern in San Pedro den Aufenthalt angenehm zu gestalten. Schon nach ein paar Stunden am schönen Atitlan-See wissen wir, dass die kommenden zwei Wochen unvergesslich, lehrreich und aufregend zugleich werden.

Die verrückte Welt der Maya

Gemüsesuppe mit ganzen Früchten! Etwas verwundert sitzen wir
am Mittagstisch und löffeln die großen Kohlrabistücke und die fast
noch ganzen Möhren aus unserer Suppenschüssel. Paulina, unsere
Maya-Pflegemama, kocht hervorragend. Heute nun Suppe, bei der
jeder sein Gemüse selbst schneiden muss.
Wie immer erzählen wir während des Essens über Gott und die
Welt. Natürlich auf Spanisch! Schließlich sind wir vor einer Woche nach San Pedro in Guatemala gekommen, um die Sprache zu
lernen. Bei den Gesprächen mit Paulina und Francisco erfahren wir
jeden Tag Neues. Francisco ist Politiker und erzählt viel über die
Vorgänge in dem noch immer vom Bürgerkrieg gebeutelten Land.
Erst 1996 wurden hier die Waffen niedergelegt. „Mittlerweile ist es
für Touristen sehr sicher in Guatemala, nur die Hauptstadt sollte
man meiden. Dort werden häufig Busse überfallen, gerade auch die
normalen öffentlichen Busse", erklärt uns Francisco und nimmt uns
damit ein wenig die Angst, die wir am Anfang vor dem Land hatten.
Während Francisco feurig von Korruption und politischen Intrigen
erzählt, heizt Paulina den Herd an. Sie will uns zeigen, wie man
Tortillas backt. Jeden Mittag rollen wir Maisteig zwischen unseren
Händen und legen am Ende eine mehr oder weniger runde Tortilla
auf die mit Kalk beschmierte Platte über dem Gasherd. Dabei lernen
wir auch einige Vokabeln aus der Sprache der Tzutuhil, des Maya-
Volks, zu dem auch Paulina und Francisco gehören.
Plötzlich knallt es vor der Haustür. Im gleichen Moment ertönen
fröhliche Kindergesänge. Was ist hier los? Wir überlegen kurz: Na
klar, Guatemala feiert seinen Unabhängigkeitstag! Wir laufen hinaus auf die Straße. Das ganze Dorf hat sich versammelt und schaut
den Schulkindern beim Marschieren zu. Mit Pauken und Trompeten ziehen sie durch San Pedro. Die Melodien schallen über den
ganzen Atitlan-See. Am Abend sehen wir im Fernsehen die Berichte
über viele andere Feste in ganz Guatemala.
Am darauf folgenden Tag gilt es, die gestrigen und andere Erlebnisse mit unseren Spanischlehrern zu bereden. Die täglichen fünf

Am 15. September feiern die Guatemalteken ihren Unabhängigkeitstag. Mit Pauken und Trompeten ziehen die Schulklassen durch die Straßen der Städte und Dörfer.

Stunden Unterricht bessern unsere Sprachkenntnisse gründlich auf. Im Eins-zu-eins-Unterricht, ein Schüler und ein Lehrer, lernen wir die Vokabeln extrem schnell. Nach nur wenigen Tagen können wir flüssig und ausschweifend Unterhaltungen mit den Lehrern führen. Guatemala, sagt Falks Lehrer Nato, hat keine gute Fußballmannschaft. Man schielt nach Brasilien, Argentinien oder Deutschland. Michael Ballack und Oliver Kahn sind ihm wohl bekannt. Besonders Kahn hat es der Jugend von Guatemala angetan, weil er so einen Ausdruck von „muy fuerte" – besonders stark – im Gesicht hat. Guatemalteken spielen kaum in Profiligen. Nur wenige haben den Weg in ausländische Klubs geschafft. Und doch ist der Fußball die populärste Sportart. Allein in der 8.000-Seelen-Gemeinde San Pedro gibt es 40 Vereine. Wir lernen auch viel über die Geheimnisse der Maya-Medizin. Jennis Lehrerin erzählt ihr eine Familiengeschichte von einem Cousin, der einst eine schwere Nervenkrankheit hatte. Der behandelnde Arzt empfahl dem Jungen, täglich einen Kolibri zu essen. Die Körpersäfte des kleinsten Vogels der Welt sollen Wunder wirken. Gesagt, getan. Jeden Morgen zog die Familie mit Netzen los und fing einen Kolibri. Der musste dann gekocht und vollständig gegessen werden. 30 Tage später war ihr Cousin geheilt.
Die 14 Tage vergehen wie im Flug und eigentlich möchten wir hier bleiben. Das Beste kommt aber zum Schluss. In der „San Pedro Spanischschule" steht am Ende nicht eine Zensur für den Schüler auf dem Blatt. Das Spiel wird umgekehrt. Hier benoten die Schüler die Lehrer. Dem guatemaltekischen Charme verfallen, geben wir dem Land und den Menschen am Ende die Gesamtnote „sehr gut". Eins. Danke. Setzen!

Honduras

Größe: 112.000 km² ➡ 1/3 x Größe Deutschlands

Einwohner: 7,5 Mio.

Hauptstadt: Tegucigalpa

Währung: 1 Lempira = 100 Centavos

Preisniveau: niedrig

Zeit: MEZ −7 h

Ländervorwahl: +504

Die Highlights

❶ **Bay of Islands:** Verliebe dich in die Unterwasserwelt. Lerne tauchen. Schwebe hinab in das zweitgrößte Riff der Welt: das Belize-Riff.

❷ **Utila:** Schlemm dich dick, trink dich satt und sonn' dich goldbraun auf einer der angesagtesten Backpackerinseln.

Typisch Honduras!

Bananen: Honduras trägt wegen des immer noch übermächtigen Anbaus von Bananen den Spitznamen „Chiquita Republik". **Honduranische Zeit:** Hier wird gerne an der Uhr gedreht. Offiziell gibt es zwar keine Sommerzeit, aber in einigen Landesteilen werden die Uhren trotzdem ein bis zwei Stunden vorgestellt.

Botschaft

Ort: Tegucigalpa • **Adresse:** Avenida República Dominicana 925, Callejón Siria • **Telefon:** (+504) 2 32 31 61 **E-Mail:** embalema@cablecolor.hn

☛ Gut zu wissen

Trage Schmuck, Uhren und Kameras nicht sichtbar am Körper. Das erregt nur unnötiges Interesse und signalisiert Wohlstand. Europäer gelten ohnehin als reich.

Wer in der Karibik tauchen will, muss kein Millionär sein. Honduras ist eines der günstigsten Tauchgebiete der Welt.

Todesangst in der Karibik

Die Sonne senkt sich, als wir Honduras erreichen. An der Grenze haben wir die letzten guatemaltekischen Quetzals in honduranische Lempiras umgetauscht. Mit der Währung ändern sich aber anscheinend auch die Menschen. Die Leute lächeln nicht mehr und die Grenzbeamten machen ein Gesicht wie drei Tage Regenwetter. Nach den Passkontrollen werden wir hektisch zur Weiterfahrt in den nächsten Bus gequetscht. Hier drängen sich die Passagiere dicht an dicht. Auf einer Bank, auf der bei uns in Deutschland zwei Passagiere Platz finden, sitzen hier vier.

In Copán Ruinas – Honduras' Antwort auf den Maya-Tourismus – machen wir unsere erste Station. Hier sind die Überreste der zweitgrößten Maya-Stätte nach Tikal zu sehen. Doch als wir am nächsten Morgen die Ruinen betreten, spüren wir nicht die übliche Magie. Der Dschungel um die Anlage herum ist gerodet. Gras wächst in golfplatzähnlichem Stil fein säuberlich um die Ausgrabungen herum. Mittlerweile haben wir einen Blick für die sehenswerten Maya-Ruinen Mittelamerikas entwickelt. Copán gehört nicht in diese Kategorie.

Auch in der Kolonialstadt Gracias, die in Reiseführern gern als Geheimtipp angepriesen wird, fühlen wir uns nicht willkommen. Als wir durch die staubigen Straßen schlendern, werden wir bespuckt und beschimpft. Rasch rennen wir in ein Hotel. Doch auch hier herrscht eine gespannte Atmosphäre. In Gracias fühlen wir uns das erste Mal auf der Reise wirklich bedroht. Eine Erfahrung, die wir kein weiteres Mal machen müssen. Honduras hat eine der höchsten Mordraten Amerikas. Das spricht nicht gerade für viel Schlaf in dieser Nacht. Noch vor Sonnenaufgang startet der erste Bus. Unendlich froh, Gracias wieder verlassen zu können, steuern wir geradewegs in Richtung Küste, nach Utila.

Umschlossen vom zweitgrößten Riff der Welt hat sich die Insel Utila mitten in der Karibik zu einem Tauchparadies entwickelt. Hier können wir in einer fantastischen Unterwasserwelt so günstig wie sonst nirgends auf der Welt tauchen lernen. Für 150 Euro pro Person machen wir den Anfänger-Tauchkurs. Im Preis inbegriffen sind Theorieunterricht, Materialien, Tauchgänge und die Unterkunft für vier Nächte.

Gleich am ersten Tag beginnt Mirjam, unsere Tauchlehrerin aus Österreich, mit der Theorie. Vier Stunden lang lernen wir mit Hilfe von lustigen Videos die ersten wichtigen Regeln beim Tauchen. Einen Tag später springen wir auch schon ins kühle Nass. Neoprenanzug, Tauch- bzw. Tarierweste, Sauerstoffflasche und Flossen sind am Anfang gewöhnungsbedürftig. Und erst recht das komische schwarze Ding im Mund – der sogenannte Regulator, durch den Taucher unter Wasser atmen. Luft geholt wird nur noch mit dem Mund. Die Nase ist ohnehin durch die Tauchermaske blockiert.

Wir treiben in voller Montur am Meeresufer, um unsere ersten Übungen zu machen. Das Wasser ist zwei bis drei Meter tief. Jenni braucht etwas länger, um zu begreifen, dass unter Wasser von nun an geatmet werden kann. Doch nach ein paar Minuten findet auch sie den Weg auf den Meeresboden. Die erste Übung: Regulator aus dem Mund nehmen und wieder rein. Dabei immer fleißig kleine Blubberbläschen ausatmen – Luft anhalten ist schließlich tabu. Was einfach aussieht, erweis sich für manchen als äußerst schwierig. Jenni blubbert Riesenblasen, als sie den Apparat aus dem Mund nimmt. Ein paar Sekunden später hält sie den Regulator wieder in der Hand, will ihn in den Mund stecken, schafft es nicht richtig und holt trotzdem Luft. Die bleibt ihr unter Wasser versagt, dafür schluckt sie eine Menge Salzwasser. Sie kämpft gegen den ekligen Geschmack und ringt um Luft. Panisch schwimmt sie an die Wasseroberfläche, die zum Glück nicht weit entfernt ist. Oben angekommen saugt sie erst einmal einen Schub Luft in ihre Lungen und ist erleichtert. Sie lebt! Mirjam, die natürlich sofort gefolgt ist, lacht und erklärt, dass Jenni den Regulator schon ganz in den Mund nehmen muss. Nicht nur das Stückchen, das für die Zähne gedacht ist. Jenni überwindet sich und taucht erneut ab. Die restlichen Übungen klappen besser, doch ihr Magen rebelliert

Platsch – es geht hinein ins himmelblaue Nass. Bewaffnet mit Tauchanzug und Sauerstoffflasche erkunden wir die schillernde Unterwasserwelt am Belize-Riff.

gegen das Salzwasser und kalt wird ihr auch. Na, wenn das so weitergeht!

Doch es wird von Tag zu Tag besser. Zwar braucht sie beim Abtauchen immer etwas länger, weil ihre Ohren den Druckausgleich nicht so einfach hinnehmen, doch irgendwann schaffen wir es alle gemeinsam, auf bis zu zwölf Meter hinabzutauchen. Was wir sehen, entschädigt für alle Strapazen. Blau und orange schimmernde Korallen in allen möglichen Formen. Große graue und kleine bunte Fische schwimmen an uns vorbei. Eine Wasserschildkröte rudert entspannt neben uns her. Der Sport packt uns und so hängen wir den zweitägigen Kurs für Fortgeschrittene noch hintenan.

Eine Woche und 13 Tauchgänge später halten wir unser Zertifikat in den Händen. Bis auf 30 Meter dürfen wir nun abtauchen. Wir

→ **Jenni empfiehlt**

Bevor du dich für einen Ausbilder entscheidest, schaue dir die Tauchbasen genau an! Lasse dir die Ausrüstung zeigen, sprich mit einem der Tauchlehrer und wenn du am Ende ein gutes Gefühl hast, dann bist du richtig. Wenn du schon etwas sicherer unter Wasser bist, leihe dir mal eine Kamera aus. Mach ein paar Schnappschüsse von Tintenfisch, Koralle und Co. Auch wenn die Hälfte der Bilder unscharf wird – die ersten Eindrücke sind immer die spektakulärsten.

sind froh, uns spontan für einen Tauchkurs auf den Bay Islands entschieden zu haben. Wehmütig stehen wir am letzten Tag am Fährhafen Utilas und warten auf das Boot, das uns zurück zum honduranischen Festland bringen soll. „Hey, wollt ihr nachher mit mir weiterfahren nach Nicaragua? Ich habe ein eigenes Auto und suche noch Leute, die mich begleiten", fragt uns ein schmächtiger, stoppelbärtiger Kerl mit dicken Rastazöpfen. Gemeinsam stehen wir am Ticketschalter der Fähre. Der Typ stellt sich als Stijn aus Belgien vor. Falk ist begeistert. „Super, dann müssen wir nicht mit dem Bus fahren. Und wir kommen noch heute in Nicaragua an", versucht er zu überzeugen. Die roten, geschwollenen Augen des Belgiers verheißen nichts Gutes. Doch Falk gefällt die Idee. Zehn Minuten später schippern wir übers Wasser und sagen Stijn Bescheid, dass wir mit von der Partie sind.

Am Abend macht sich erste Erleichterung breit. Der Wagen ist zwar alt, aber gut in Schuss, ein Jeep, der viel Platz für vier Leute bietet. Neben uns hat sich auch Andrea aus der Schweiz einen Sitzplatz gesichert. Vier Europäer holpern nun durch Honduras. Die Straße hat mehr Löcher als ein Schweizer Käse. Monoton schlagen unsere Köpfe ans Autodach. Bis zur Grenze brauchen wir dank Stijns rasanter Fahrweise nur acht Stunden. Achtung: Der Euro-Express kommt!

Nicaragua

Größe: 130.000 km² ➡ 1/3 x Größe Deutschlands

Einwohner: 5,5 Mio.

Hauptstadt: Managua

Währung: 1 Córdoba = 100 Centavos

Preisniveau: niedrig

Zeit: MEZ –7 h

Ländervorwahl: +505

Die Highlights

❶ **Selva Negra:** Verliere dich im „Schwarzwald". Schlaf in typischen Berghütten mitten im Dschungel.

❷ **Granada:** Erlebe Geschichte in Granada, einer alten spanischen Kolonialstadt (gegründet 1524).

❸ **Die Vulkaninsel Ometepe:** Sammle all deinen Mut und wirf einen Blick hinein in einen Vulkankrater.

Typisch Nicaragua!

Die Sandinisten: Anhänger einer breiten, linken Widerstandsbewegung in Nicaragua. Sie stürzten 1979 die Diktatur der Somoza-Dynastie und regierten daraufhin Nicaragua. Bekannteste Sandinisten Daniel Ortega und Ernesto Cardenal.

Botschaft

Ort: Managua • **Adresse:** Reparto Bolonia, contiguo a la Óptica Nicaragüense • **Telefon:** (+505) 2 66 39 17

E-Mail: alemania@cablenet.com.ni

☛ Gut zu wissen

Instantkaffee: Die Guten ins Töpfchen, die Schlechten ins Kröpfchen. Die guten Bohnen aus Nicaragua gehen in den Export nach Nordamerika und Europa. Für die meisten Einheimischen und Touristen bleibt nur die minderwertige Bohne oder eben Instantkaffee.

Einmal Schwarzwald und zurück

Bisher hatten wir noch nie Ärger mit Grenzkontrollen. Doch heute sollen wir dank hausgemachter Probleme Pech haben! Andrea beichtet uns, dass sie wohl zu lange in Honduras gewesen sei. 90 Tage – das ist die maximale Aufenthaltsdauer. Andrea ist satte 40 Tage drüber. An der Grenze ist nun großes Zittern angesagt. Der Grenzbeamte lächelt Andrea verschmitzt an: „Sie müssen zurück in die Hauptstadt. Dort stellen sie nachträglich einen Antrag, dass sie länger bleiben dürfen." Zurück? Drei oder mehr Stunden Extrafahrt wegen Andrea? Wir diskutieren. „Dummheit muss bestraft werden", sagen wir. Der Beamte grinst noch immer und macht eine eindeutige Handbewegung. Andrea schiebt 50 US-Dollar über den Tresen, bekommt dafür einen Stempel und schwups dürfen wir das Land verlassen. So einfach geht das in Mittelamerika!

Am späten Abend passieren wir das Ortsschild von Matagalpa im Norden Nicaraguas. Falks erste Feststellung, als wir das Zentrum betreten: die Schaufenster erinnern stark an vergangene Tage. Doch es ist nicht die gähnende Leere in den Läden, sondern das Design und die schlichte Ausstellung der Ware. Zu DDR-Zeiten gab es einen regen kulturellen Austausch mit Nicaragua. „Kann schon sein", erzählt uns Martin, ein deutscher Entwicklungshelfer, „dass die aus der Zone hier Shopping-Weiterbildung betrieben haben."

Als am nächsten Morgen der Wecker klingelt, fühlen wir uns erstaunlich fit. Nichts steht einem Ausflug in den neun Kilometer entfernten „Selva Negra", auf Deutsch „Schwarzwald", im Wege. Das Gebiet wurde einst von deutschen Kaffeebauern besiedelt. Zu viert machen wir uns auf zum Aussichtspunkt. Wir tragen bei diesem Wetter alle Sandalen oder Flipflops. Wie Greenhörner kämpfen wir uns den Hügel hinauf. Die Wege sind schlammig und der Aufstieg anstrengend. Endlich oben, genießen wir … keine Aussicht. Ringsherum nur Dschungel, vom Tal ist nichts zu sehen. Aber eine Pause kommt uns trotzdem sehr gelegen.

Dieses kleine Tierchen setzt Jenni arg zu. Bei einer Wandertour tritt sie aus Versehen drauf und schon beißt das Kerlchen zu. Giftig ist es glücklicherweise nicht.

....

Die haben wir vor dem Abstieg auch dringend nötig. Denn ohne Profil unter den Sohlen schlittern wir den Berg wie auf Skiern hinunter. Als wäre das nicht genug, knabbert auch noch ein Dschungeltier an Jennis Zeh. Sie schreit, schleudert im Schock ihre Sandale weg und versucht noch, den Angreifer zu entdecken. Ein Schlangenbiss vielleicht? Nein, ein kleiner, brauner Leguan flitzt vom Tatort weg, hinein in den tiefen Dschungel. Keiner von uns weiß, ob so ein Biss gefährlich sein kann. Mit blutendem Zeh und geschundenen Füßen kämpft sich Jenni weiter den Berg hinunter. Irgendwann kommen wir irgendwie unten an. Unsere Klamotten sind dreckig vom Matsch und nass vom Schweiß. Schnell suchen wir jemanden, den wir nach der Verletzung fragen können. Eine Angestellte des nahe gelegenen Hotels gibt Entwarnung. Das einzige Gifttier im „Selva Negra" ist die Korallenschlange. Die Dame verarztet den Fuß, so dass wir zurück in unser Hotel fahren können. Am Abend entscheiden wir,

dass wir den Weg in den Süden Nicaraguas zu viert zurücklegen. Stijn, der sich als netter Kerl entpuppt hat, freut sich, kann er doch dadurch jede Menge Benzinkosten sparen. Und so rast der „Euro-Express" wieder über die unbekannten Straßen Nicaraguas.

Eine Insel mit zwei Bergen

Nein, auf dieses Boot steigen wir nicht. Mit 30 anderen Leuten stehen wir am kleinen Hafen von Rivas. Eigentlich soll uns eine Fähre hinüber zur Isla de Ometepe bringen. Doch die besagte Fähre liegt mit Motorschaden im gegenüberliegenden Hafen. Nun schaukelt ein abgetakelter Fischkutter vor uns im Nicaraguasee, dem größten Süßwassersee Mittelamerikas. Er sieht nicht so aus, als könne er alle wartenden Passagiere tragen. Von „befördern" wollen wir gar nicht reden. Stijn springt trotzdem auf, abenteuerlustig wie er ist. Wir bleiben zusammen mit Andrea am Ufer stehen und warten doch lieber auf die Fähre, die eine Stunde später repariert ist.

Auf dem Boot haben wir Zeit, uns zurückzulehnen und über die vergangenen Tage nachzudenken. Bevor wir nach Rivas gekommen sind, haben wir die Orte Leon und Granada besucht. Zwei der ältesten Kolonialstädte Amerikas. In Granada konnten wir in dem fünftältesten Haus Amerikas übernachten. Ein deutscher Abenteurer hat hier ein Hotel eingerichtet. Er nennt sich Don Alfredo und ist mittlerweile über 70 Jahre alt. Das Leben genießt er in vollen

Am steilen Vulkan Concepcion ist Klettern erlaubt. Für einen Blick in den Krater nehmen viele Besucher die sechs- bis achtstündige Tour auf sich.

Zügen, ist entspannt und hat sich gut an die nicaraguanisch-relaxte Lebensweise gewöhnt. Mit der Rente aus Deutschland kann er im Ausland prima leben. „Die Lebenshaltungskosten sind in Nicaragua sehr gering. In Deutschland hat das Geld keinen Wert mehr. Was soll ich meine Rente dort aus dem Fenster werfen?" Don Alfredo meistert sein Leben. Er hat einen fünfjährigen Sohn. Sein letztes großes Abenteuer!

Noch vor Sonnenuntergang setzen wir an Land. Die Isla de Ometepe besteht aus zwei Vulkanen, die sich in Form einer Acht zusammengefunden haben. Im dicht bewachsenen Inseldschungel fin-

den Affen, Schlangen, Nasenbären und viele andere Exoten ihren Lebensraum. Ometepe ist klein, aber oho. Der nördliche Vulkan, der Concepcion, ist noch aktiv. Er ist der höhere der beiden und für Kletterfans ein beliebtes Ziel. Nur bis zur Mitte bewachsen, ragt sein Krater nackt in den Himmel hinein. Der Madera, der kleinere Vulkan, ist dagegen fast völlig zugewachsen. Dschungel, wohin das Auge blickt. Freie Sicht soll man aber im Innern des Kraters haben – dort liegt ein glitzernder Vulkansee. Der Tagestrip ist schnell gebucht.

Wir verbringen die Nacht in einem alten Farmhaus am Fuße des Vulkans Madera. Nach einem ausgiebigen Frühstück bestehend aus „Gallo Pinto" – ein beliebter Reis-Bohnen-Mix, der in Mittelamerika morgens, mittags und abends gegessen wird – machen wir uns auf, den Vulkan zu erklimmen. Manuel, unser Bergführer, lotst uns über Stock und Stein. Der Weg ist beschwerlich und der Nieselregen hat den Boden aufgeweicht. Als plötzlich drei Brüllaffen direkt über unseren Köpfen durch die Bäume springen, zücken wir schnell die Kamera. Falk holt sein Mikrofon heraus und macht tolle Tonaufnahmen. Das Knipsen unserer Kamera und das Tuten des Rekorders scheint sie nicht zu stören. Im Gegenteil: Sie setzen sich in Pose und geben ein paar ihrer tiefen Brülllaute zum Besten.

Nach insgesamt fünf Stunden erreichen wir den Kratersee. Umringt vom Urwald liegt die kleine Lagune vor uns. Nebelschwaden hüllen sie ein. Erst ein kräftiger Windstoß gibt den Blick auf das schimmernde Wasser frei. Ein erfrischendes Bad ist leider nicht möglich. Wer sich zu nah ans Ufer wagt, versinkt knietief im Schlamm. Also setzen wir uns an den festeren Rand, knabbern an unseren mitgebrachten Sandwiches und genießen die Natur.

Kräftesammeln für den Abstieg ist angesagt, denn runter ist bekanntlich schwieriger als rauf. Nach nur drei Stunden erreichen wir erschöpft und mit knurrendem Magen unser Hotel. „Gallo Pinto" und Hühnchen vertreiben den Hunger, eine Dusche den Schmutz von Händen und Beinen. Gestärkt und gewaschen, genehmigen wir uns am Abend einen leckeren, frisch gepressten Ananassaft. Wir schaukeln in der Hängematte, über uns schwirren Insekten um eine grelle Glühlampe. Wir lesen ein Buch und genießen das ruhige Leben.

Plötzlich erlischt jedes Licht um uns herum. Es ist stockdunkel. Wir tasten uns aus den Hängematten. Stromausfälle bis zu zehn Stunden am Tag sind in Nicaragua keine Seltenheit. Durch die Dunkelheit kämpfen wir uns auf die Terrasse. Den Blick himmelwärts gerichtet, entfährt uns allen nur ein erstauntes Raunen. Boah! Wir bewundern

den schönsten Sternenhimmel, den wir je gesehen haben. Kein einziges Licht brennt auf der Insel. Dieses Erlebnis bleibt uns als eines der schönsten in Erinnerung, als wir ein paar Tage später die Grenze zu Costa Rica überfahren. Wir verabschieden uns von den netten, fast immer lächelnden Nicas, den Einwohnern dieses tollen Landes. Wir sagen aber auch „Tot kijk" – „Auf Wiedersehen" zu Stijn und seinem roten Jeep. Die beiden bleiben noch eine Weile in Nicaragua. Von nun an ist wieder Busfahren angesagt.

Costa Rica

Größe: 51.000 km² ➥ Größe Niedersachsens
Einwohner: 4,4 Mio.
Hauptstadt: San José
Währung: 1 Costa-Rica-Colón = 100 Céntimos
Preisniveau: moderat
Zeit: MEZ −7 h
Ländervorwahl: +506

Die Highlights

❶ **Puerto Viejo:** Nimm dir einen Dschungelführer und lebe wie die Indios im Naturschutzgebiet Gandoca-Manzanillo.

❷ **Samara:** Pack die Badehose ein und lass dich von den meterhohen Wellen des Pazifiks ordentlich herumwirbeln.

❸ **Tamarindo:** Sei kein Frosch und wappne dich für einen Tauchgang mit Haien.

Typisch Costa Rica!

Pura vida: Dieser Ausdruck ist in aller Munde und beschreibt das Lebensgefühl der Costa-Ricaner. Ein Mix aus Genießermentalität und der Sehnsucht, das Beste aus seinem Leben zu machen.

Botschaft

Ort: San José • **Adresse:** Edificio „Torre La Sabana", 8° piso • **Telefon:** (+506) 290 90 91
E-Mail: info@embajada-alemana-costarica.org

☛ Gut zu wissen

Costa Rica ist ein winziges Land. Innerhalb eines Tages schaffst du bequem den Ritt vom Atlantik zum Pazifik. Doch verfalle nicht in Hektik! Im Landesinnern gibt es einen grenzenlosen Artenreichtum zu erforschen. Mindestens 5 % aller Tiere und Pflanzen auf der Erde leben in Costa Rica.

Besuch beim Dschungelmann

Ah! Wärmende Sonnenstrahlen. Türkis schimmerndes Wasser zeichnet Linien in den weißen, weichen Sand. Endlich wieder Karibik! Nach einem Abstecher ins kalte San José, die Hauptstadt Costa Ricas, stehen wir nun schon an der Atlantikseite des kleinen Landes. Am ersten Tag ruft das warme Wasser, am zweiten das Abenteuer. Eine richtige Tour quer durch den Dschungel wollen wir machen. Eine Guide ist schnell gefunden.

Gyula kommt aus Leipzig und lebt bereits seit zwölf Jahren hier bei Manzanillo an der Karibikküste – sein Erfahrungsschatz ist riesig, sagt er. Gyula hat mehrere Jahre in Costa Rica mit Indios zusammengelebt. Von ihnen hat er die wichtigsten Lebens- und Überlebensregeln im Dschungel gelernt. Wir sollen uns keine Sorgen machen, wenn wir mit ihm gehen. Er weiß, was in Notlagen zu tun ist.

Gyula führt uns gerade einmal 50 Meter in den Wald. Und schon hält er inne. „Der Name Manzanillo bedeutet Strandapfel. Das ist ein besonderer Baum, der hier früher zahlreich wuchs. Mittlerweile existiert nur noch dieses Exemplar." Er zeigt auf einen großen Baum mit dicken, dunkelgrünen Blättern. „Die anderen wurden gefällt, um die Kinder des Ortes zu schützen. Der Strandapfel sondert aus seinen Blättern Säure ab, die bei Regen vom Baum heruntertropft. Früher sind viele Leute, vor allem spielende Kinder, verletzt worden." Was es alles gibt! Zum Glück regnet es gerade nicht.

Wir wandern los. Über einen breiten Weg am Strand gelangen wir in das Naturschutzgebiet. Die Flora und Fauna Costa Ricas ist überwältigend. In dem Land, das so groß wie Niedersachsen ist, sind fünf Prozent aller auf der Erde lebenden Arten beheimatet. Tiefer und tiefer kämpfen wir uns in den Dschungel. Hier müssen wir einen starken Ast wegdrücken, da über einen umgefallenen, bemoosten Baumstamm klettern. Gerade entdeckt Gyula eine kleine, braune Wimpernlanzenotter. Sie hat sich um einen schmalen Ast geschlungen. „Anfassen ist streng verboten! Das Gift der Otter wirkt innerhalb von drei Stunden tödlich", erklärt unser Dschungelmann. „Die gefährlichste Schlange hier im Dschungel ist aber der Buschmeister.

Beißt diese Schlange zu, wissen auch die Indianer nur noch einen Ausweg. Sie zücken ihre Machete und schlagen den gebissenen Körperteil kurzerhand ab", klärt uns Gyula fast beiläufig auf. Er stapft weiter durchs Dickicht. Seine um den Bauch gebundene Machete schwingt im Takt seiner Schritte. Als wären Horrorgeschichten über Schlangen noch nicht genug, lockt der Leipziger ein paar Meter weiter eine Tarantel aus ihrem Baumhaus. Noch so ein wahnsinnig gefährliches Wesen. „Nein, der Biss einer Vogelspinne tötet keinen Menschen. Er tut nur höllisch weh", lacht unser Dschungelführer. Das ist doch mal eine gute Nachricht. Wir wagen uns nah an die Spinne heran. Ihre dicken, haarigen Beine stehen still. Nachdem wir sie mit unserer Digitalkamera abgelichtet haben, schiebt Gyula sie behutsam mit einem Stock zurück in ihr Nest. Nicht nur über die Tiere im Dschungel hat Gyula viel von den Indianern gelernt. Der Mann weiß auch über fast jede Pflanze etwas zu berichten. Über die grüne Frucht mit dem niedlichen Namen Noni zum Beispiel. „Die Frucht beinhaltet so viele Wirkstoffe, dass sie ca. 700 Krankheiten vorbeugen kann. Aber sie stinkt entsetzlich", erzählt uns Gyula. Er dreht dabei eine Noni in seiner Hand, pult ein wenig daran herum und lässt uns riechen. Der Gestank ist furchtbar. Wie eine Mischung aus uraltem Käse und Erbrochenem. Es schüttelt uns. „Der Saft der Noni wird in Deutschland für 50 Euro verkauft. Hübsch in 1-Liter-Flaschen abgefüllt – und natürlich pasteurisiert. Leider zerstört dieser Vorgang fast alle gesundheitsfördernden Inhaltsstoffe der Frucht. Ich trinke jeden Morgen ein Glas Nonisaft. Frisch gepresst!", berichtet uns der Leipziger weiter. Da müssen wir wohl nach Costa Rica umsiedeln, wenn wir uns mit frischem Nonisaft vor Krebs und Co. schützen wollen. Die nächste Pflanze, zu der Gyula einen Tipp hat, gedeiht auch bei uns – der Hibiskus. „Die Blüten sind essbar und vor allem für Frauen mit Regelschmerzen nützlich." Gyula knapst zwei blutrote Blüten vom Baum ab und reicht sie uns. Wir beißen rein und lassen uns die Hibiskus-Blüte schmecken. Kauend wandern wir weiter. Den Dschungel lassen wir hinter uns. Und stehen plötzlich wieder am Strand. Nur ein paar Meter entfernt vom

Herausgelockt: Mit einem kleinen Stock hat unser Guide die Tarantel vorsichtig aus einem ausgehöhlten Baumstamm gelotst.

bösen Strandapfel. Unversehrt und mit vielen nützlichen Informationen im Kopf beenden wir unsere Tour.

Zum Abschied gibt uns Gyula noch einen Rat mit auf den Weg. „Esst hier mal unbedingt noch Bananen. Dann wisst ihr, wie eine Banane wirklich schmeckt. Kommen die Bananen in Deutschland an, sind sie eigentlich noch völlig unreif. Sie werden vor dem Export durch die großen Fruchtkonzerne in ein Chemiebad getaucht, um den Reifeprozess zu stoppen. In Deutschland werden sie ins nächste Chemiebad getränkt, um den Prozess wieder in Gang zu setzen. Ihr kennt doch sicher den pelzigen Geschmack, den man manchmal beim Essen einer Banane auf der Zunge hat. Das ist das viele Gift!" Wir dachten immer, dass kommt davon, weil die Banane eben noch nicht ganz reif ist. Okay, ab jetzt kein Bananenverzehr mehr in Deutschland. Dafür mehr in Costa Rica!

➡ **Jenni empfiehlt**

Zünde ein Geschmacksfeuerwerk auf deiner Zunge! Bestell dir die erfrischenden Batidos und Liquados. Unzählige im Land wachsende Obstsorten (wie Ananas, Mango, Papaya, Banane und Guanabana) bilden das Grundgerüst für die leckeren Drinks aus Früchtemus, Eis, Honig und wahlweise Wasser oder Milch.

Pura vida in Costa Rica

Mit frischen Costa-Rica-Bananen im Gepäck düsen wir mit dem Bus von der Karibikseite zum Pazifik, einmal durch das ganze Land. Die Fahrt dauert nicht lange. Noch am selben Tag erreichen wir Playa Samara. Wir haben vor ein paar Monaten einen Beitrag über einen Deutschen im Fernsehen gesehen, der hier ein Hotel und eine

Flugschule betreibt. In einem Ultraleichtflugzeug (ULF) kann man von dort für 20 Minuten über das Land fliegen. Das will Falk ausprobieren. Gerade Falk, der unter extremer Höhenangst leidet.

Guido, der Besitzer der Flugschule, begrüßt uns mit Helm und Kopfhörer. Falk schnürt ihm ein Mikrofon um den Hals. Denn nur für ein Interview mit dem Piloten über den Wolken wagt er sich in das ULF. Als das kleine Flugzeug heranrollt, wird Falk nervös. Das soll fliegen können? Ein Motorrad mit Flügeln. Mehr ist es nicht. Und dann sausen Guido, Falk und das ULF los.

Langsam steigen sie in die Lüfte. Das Interview scheint in die Hose zu gehen. Falk traut sich kaum, ein Wort zu sagen. Doch je höher das ULF steigt, desto selbstbewusster wird er. Das ist „Pura vida" – das wahre Leben, wie die Einheimischen immer sagen. Von hier oben kann man den Dschungel in seiner vollen Pracht genießen. Doch dann sinkt das ULF dramatisch schnell. Guido hat den Motor ausgeschaltet und das kleine Flugzeug steuert dem Boden entgegen. Kurz vor dem Aufprall fängt Guido die Maschine ab. Zwei Meter über dem Meer. Das Herz rutscht in die Hose. Guido und Falk sausen über die Wellen des Pazifiks, steigen wieder auf 30 Meter und folgen einem Flusslauf, in dem Krokodile leben. Faul tanken die Reptilien auf den Sandbänken Sonne.

Das Interview mit Guido wird ein voller Erfolg. Doch 20 Minuten sind manchmal schneller vorbei, als man denkt. Die Landung ist weich. Geschafft!

Phobien haben die unangenehme Eigenschaft, Ängste in den unpassendsten Momenten auszulösen. Für heute ist die Höhenangst jedoch überwunden. Jetzt heißt es ausruhen und den Schweiß trocknen lassen. Falk weiß genau, dass er auf dieser Weltreise noch häufiger mit seiner Angst konfrontiert werden wird. So auch wenige Tage später an der Playa Tamarindo. Im Urlaubsparadies vieler US-Amerikaner planen wir einen Tauchgang inklusive Begegnungen mit Haien und Stachelrochen.

Mit einem mulmigen Gefühl stehen wir auf dem Boot. Stephan, ein deutscher Tauchlehrer, der uns unter Wasser begleiten wird, erzählt:

Über den Wolken muss die Höhenangst grenzenlos sein. Doch für ein exklusives Interview mit dem Piloten überwindet Falk seine Furcht.

„Beim ersten Tauchgang schauen wir uns die Weißspitzenriffhaie an. Sie liegen meistens in einem kleinen Graben am Meeresboden. Wir werden dorthinein schwimmen und die Tiere beobachten. Normalerweise kommen sie dann bis auf ein paar Zentimeter an uns heran. Aber keine Angst, sie sind ungefährlich. Wenn es ihnen zu bunt wird, fliehen sie." Ausnahmen bestätigen bekanntlich die Regel. Wir springen trotzdem ins Wasser. Einmal tief durchatmen, dann kann es abwärts gehen.

Falk sucht bereits die Haie, und als er sie erspäht, fühlt er sich wie in einem Film. Die Taucherbrille ist seine Mattscheibe. Angst hat er nicht. Die fünf großen Fische liegen ganz ruhig am Grund. Bis auf Nasenspitze heranschwimmen können wir nicht, die Strömung ist einfach zu stark. Aber auch aus ein paar Metern Sicherheitsabstand wirken die Haie beeindruckend. Wir tauchen weiter über eine 90 Grad abfallende Korallenwand. Das Sonnenlicht kämpft sich 20 Meter durch die Wellen bis in unsere Tiefe und scheint auf die bunten Geschöpfe herab. Unter uns wird es dunkel. Schwarz liegt er da – der Abgrund. Am Ende unseres Tauchgangs beäugt uns eine Muräne aus ihrer Höhle. In regelmäßigen Abständen reißt sie ihr Maul auf. Die scharfen Zähne blitzen hervor. Viele Menschen deuten das als Zeichen von Aggressivität. Doch die Muräne atmet nur auf diese angsteinflößende Art und Weise.

Nach unserem atemberaubenden Trip im salzigen Meer sind wir mächtig durstig. Am Abend gönnen wir uns mehrere Liquados. Frisch gepresste Obstsäfte, die wir in Deutschland sicher vermissen werden.

Panama

Größe: 76.000 km² ➡ Größe Bayerns
Einwohner: 3,2 Mio.
Hauptstadt: Panama
Währung: 1 Balboa = 100 Centésimos (der US-Dollar ist ebenfalls offizielles Zahlungsmittel)
Preisniveau: moderat
Zeit: MEZ –6 h ◉
Ländervorwahl: +507

Die Highlights

❶ **Panama-Stadt:** Lebe als Kosmopolit und finde dich in einer Stadt wieder, die dir einfach alles bietet.

❷ **Panamakanal:** Der künstliche Seeweg durch Mittelamerika verbindet den Atlantik mit dem Pazifik. Besichtige die eindrucksvollen Miraflores-Schleusen – grandiose Aussicht auf Riesenschiffe inklusive.

Typisch Panama!

Shopping: Da Ware aus aller Welt durch den Panamakanal geschleust wird, landet ein Teil besonders günstig in den spektakulären Shoppingzentren von Panama Stadt.

Botschaft

Ort: Panama • **Adresse:** Calle 53 E, Urbanizacion Marbella, Edificio World Trade Center No. 20 • **Telefon:** (+507) 263 77 33 • **E-Mail:** germpanama@cwp.net.pa

☛ Gut zu wissen

Die Taxifahrer haben ihre Hände nicht unter Kontrolle. Sie kleben scheinbar dauerhaft an der Hupe. Lass dich nicht aus der Ruhe bringen, wenn du zum x-ten Mal zum Einsteigen gegängelt wirst.

Oh, wie schön ist Panama

„Damit kommen sie nicht in unser Land!" So fällt der erste Kontakt mit Panama aus. „Ihr Obst dürfen Sie nicht mit über die Grenze nehmen." Wir packen unsere Rucksäcke wieder zusammen. Costa-Rica-Bananen und Co. landen im Müll. Hätten wir uns auch denken können. Hier gibt es eben noch strenge Grenzkontrollen. Als Europäer sind wir Grenzen gar nicht mehr gewöhnt. Bevor wir nun doch Panama betreten dürfen, wird der Bus von außen reichlich mit Desinfektionsmittel abgespritzt. Wir sind im südlichsten Land von Mittelamerika angekommen. Der Busfahrer hat gewechselt und mit ihm die Musik. Der Fahrer ist eine Frau. Erst läuft in einer Musikschleife Marc Antony, dann Marco Silva. Die raubkopierten CDs werden jeweils vier Mal gespielt. Dann erreichen wir erschöpft die Hauptstadt.

Über uns quieken Menschen, unter uns wird gestöhnt. Wir landen in einem Stundenhotel mitten im Rotlichtviertel. Hier gibt es die günstigsten Zimmer der Stadt. Unser begrenzter Budgetplan lässt in Panama nichts anderes zu. Der Raum ist klein, hat kein Fenster, aber

Innerhalb von 24 Stunden durchfahren im Schnitt 40 Schiffe den Panamakanal. Für den Rest heißt es stundenlang warten vor den Schleusen.

eine kreischende Klimaanlage. Wir trösten uns mit dem Gedanken, dass wir hier ja nur schlafen müssen. Und wir denken schon an unsere erste Einkaufstour. Dank der Nähe zum Panamakanal gilt das Land als günstiges Shoppingparadies.

Gleich am nächsten Morgen testen wir das aus. Gegen zehn Uhr stehen wir vor einer Shopping-Mall. Die Läden sind geschlossen, die Gänge leer. Der Blick auf die Öffnungszeit macht deutlich: Erst in zwei Stunden geht es los. In Mittelamerika steht man eben später auf.

Nach einem ausgedehnten Frühstück stehen wir wieder an den Läden. Jetzt sind sie geöffnet. Und tatsächlich – hier ist alles günstiger als bei uns in Deutschland. Und die großen Einkaufscenter sind angenehm weitläufig, nicht so eng wie bei uns oder in den USA. Da macht das Shoppen Spaß. Kein Wunder also, dass sich in den nächsten Tagen neue Schuhe und Klamotten zu unseren alten, ausgewaschenen Sachen gesellen. Der Budgetplan gerät ein wenig aus den Fugen …

Zwischen den Touren durch die Einkaufstempel erkunden wir die Stadt. Panama erinnert uns sehr an New York. Etliche Wolkenkratzer schmiegen sich an die stark verschmutzte Meeresküste. In diesem Fall: den Pazifik. Es blinkt und glitzert im modernen Teil der Metropole. In einem anderen Viertel der Stadt ziehen sich kleine Gassen durch eng stehende Kolonialbauten. Ein besonderer Charme umgibt den alten Stadtteil „Casco Antiguo". Wir schlendern durchs Nationaltheater, vorbei am Regierungsgebäude und hinein in die San-José-Kirche, deren Altar aus reinem, glänzendem Gold besteht. Nach unserem Ausflug in das historische Panama fahren wir zum Panamakanal. Es gießt in Strömen, als wir mit dem Taxi an den Miraflores Locks ankommen. An den Schleusen können Besucher einen Blick auf Kanal und Schiffe werfen. Eine halbe Stunde lang schauen wir gespannt zu, wie ein japanisches Militärschiff durch den Kanal geschleust wird. Ein beeindruckendes Spektakel, das wir mit ca. 20 anderen Touristen teilen. Die nette Frauenstimme aus dem Lautsprecher erklärt uns, dass das Schiff auf dem Heimweg nach Japan ist. Nach 30 Minuten wird es von der Schleuse in Richtung Pazifik entlassen. Bevor die „Tokyo" samt Mannschaft wieder ins offene Meer schippern kann, muss sie noch eine Weile durch den 81,6 Kilometer langen Kanal fahren. 14 bis 16 Stunden dauert die Fahrt insgesamt. Gemächlich schiebt sich der rote Riese durchs Schleusenwasser. Nach und nach wird

➡ **Falk empfiehlt**

Gute Nachricht für alle Langschläfer: Ihr könnt euch noch mal umdrehen! Denn in Panama machen die meisten Geschäfte erst zwischen elf und zwölf Uhr auf. Genug Zeit, um im Vorfeld reichlich zu frühstücken und dann gestärkt auf Klamottenjagd zu gehen.

er in der Ferne immer kleiner. Abschiedsstimmung. Auch für uns! In Panama endet unser Trip durch Mittelamerika. Bis auf El Salvador haben wir jedes Land zwischen Mexiko und Südamerika bereist und kennengelernt. Das eine mehr, das andere weniger. In Guatemala und Nicaragua haben uns die Menschen fasziniert, in Costa Rica die wunderschöne Natur. Das Festland von Honduras hat uns enttäuscht, unsere Woche auf der Insel Utila war dagegen traumhaft und voller unvergesslicher Eindrücke. Durch Belize sind wir nur ein paar Stunden mit dem Bus gefahren und von Panama haben wir leider auch zu wenig gesehen. Mittelamerika bietet so viel, dass man in ein paar Wochen gar nicht alles sehen kann. Nun steht Südamerika auf dem Plan. Leider haben wir nicht einmal vier Wochen Zeit, bis unser Flug von Santiago de Chile weiter nach Neuseeland geht. Nicht viel, um den riesigen Teil des amerikanischen Kontinents zu entdecken. Um Zeit zu sparen, fliegen wir direkt von Panama nach Bolivien, in die Heimat der höchstgelegenen Stadt, des höchstgelegenen Sees und des höchstgelegenen Flughafens der Welt.

14 bis 16 Stunden brauchen Schiffe wie die „Tokyo" durch den Panamakanal

Bolivien

Größe: 1 Mio. km² ➡ 3 x Größe Deutschlands
Einwohner: 9,4 Mio.
Hauptstadt: Sucre
Währung: 1 Boliviano = 100 Centavos
Preisniveau: niedrig
Zeit: MEZ –5 h
Ländervorwahl: +591

Die Highlights

❶ **La Paz:** Schnall den kleinen Rucksack um und wandere durch die Stadt des Friedens, vorbei an der Kirche San Francisco und quer über den Hexenmarkt.

❷ **Potosí:** Schlendere durch die höchstgelegene Großstadt der Welt und begib dich unter Tage in die Silberminen.

❸ **Uyuni:** Vergiss die Zeit und lass dich fallen in ein Andenabenteuer aus Salz, Sand und Steinen.

Typisch Bolivien!

Coca-Pflanze: Ein frisch gebrühter Tee aus Coca-Blättern schmeckt gut und hilft gegen die Höhenkrankheit.

Botschaft

Ort: La Paz • **Adresse:** Avenida Arce 2395, La Paz.
Telefon: (+591 2) 244 00 66
E-Mail: info@embajada-alemana-bolivia.org

☛ Gut zu wissen

Höhenkrankheit: Sie kann jeden treffen, unabhängig von Statur, Kondition und Willensstärke. Doch wenn sie zuschlägt, dann sollte Ruhe angesagt sein. Kopfschmerzen, Übelkeit und Schlappheit vergehen meist nach nur wenigen Tagen.

In schwindelerregenden Höhen

Es sticht im Kopf und in der Lunge. Mit Kopfschmerzen und unter Atemnot leidend stehen wir auf dem höchstgelegenen Flughafen der Welt in El Alto, Bolivien. 4.100 Meter über dem Meeresspiegel. So hoch wie Brocken und Zugspitze zusammen. Die Luft ist dünn, das Atmen fällt schwer. Um uns herum dreht sich alles. Schwindelgefühl. Die Höhenkrankheit macht sich bemerkbar. Sie lauert hier oben auf fast jeden Bolivien-Besucher. An so wenig Sauerstoff in der Luft muss man sich eben erst gewöhnen. Im Vergleich zu Deutschland müssen wir in bolivianischer Höhe mit ungefähr der Hälfte auskommen. Dazu gesellt sich die nächtliche Kälte: 5 °C Celsius. Aus Mittelamerika sind wir heiße Tropennächte mit 30 °C gewöhnt. Bibbernd laufen wir mit unserem Taxifahrer Juan über den dunklen Flughafenparkplatz. Juan gehört zum Stadthotel, in das er uns nun bringen wird. Im warmen Auto erklärt er uns: „Ihr müsst wegen der Höhenkrankheit die ersten Tage in Bolivien langsam angehen. Und viel trinken ist wichtig. Vor allem Coca-Tee." Wir tuckern durch die Nacht. Vom hohen Flughafen in die etwas tiefer gelegene Stadt La Paz – übersetzt ins Deutsche: der Frieden. Juan lässt uns spüren, warum die Stadt diesen Namen trägt. Bevor er ins Tal hinabfährt, hält er an einer Aussichtsstelle am Straßenrand. Von hieraus sehen wir den erleuchteten Kessel friedlich glitzern. La Paz' Straßenlampen geben den Ton an. Das rötliche Licht erfüllt die gesamte Stadt. Juan bringt uns weiter über die kurvigen Straßen ins Hotel. Dort übergibt er uns in die Obhut von zwei netten Damen. Lächelnd reichen sie uns zwei kleine Becher. „Bitte", sagt eine der Frauen auf Deutsch. „Lassen Sie es sich schmecken!" Eine hellgelbe, dampfende Flüssigkeit schwappt darin: Coca-Tee. Der Tee schmeckt süß und nach frischen, herben Blättern. Lecker! Und das Gebräu hilft tatsächlich. „Die Sauerstoffaufnahme des Blutes wird verbessert", erklärt sie uns. „Und woher können Sie unsere Sprache so gut?", fragt Jenni sichtlich erstaunt, während wir bereits am zweiten Gläschen nippen. „Als Studentin war ich in Ostberlin." Sie kann unsere Sprache perfekt sprechen. Dann erzählt sie uns von ihrer Wohnung und schenkt weitere Becher gelben Tees ein. Das Kopfweh ist bald nur noch Nebensache. Dafür schlägt die Müdigkeit zu.

Der nächste Tag beginnt mit Beschwerden. Falks Weg beschränkt sich auf die zwei Meter zwischen Bett und Kloschüssel. Mehr ist heute nicht drin. Der zweite Tag in La Paz wird besser. Mit reichlich Coca-Tee intus schlendern wir durch die Straßen der Stadt. La Paz gefällt uns. In der „Kuchenstube", einem deutschen Café, schlemmen wir. Zitronen-Baiser-Kuchen und Obsttorte. „Schmeckt wie früher", sagt Falk beim Probieren des Fruchtgelees. Nach vielen Monaten sitzen wir endlich mal wieder in einem Café, das nicht nur Plastikstühle und Pappteller zu bieten hat. Kaffee und Tee kommen in hübschen Sammeltassen. Ach, wie haben wir das vermisst. La Paz ist symbolträchtig. Die Stadt wird zur Tankstelle für uns Reisemüden. Auf der Tour setzen wir uns täglich neuen Einflüssen aus. Schon so manches Mal gesättigt von neuen Eindrücken, weckt das Stück Heimatgefühl in La Paz neue Energien für weitere Entdeckungen und Abenteuer. Und so sind wir am Abend offen für eine schicksalhafte Begegnung.

Plötzlich ist alles anders: Ein neues Weltreisegefühl erfasst uns. Vertraute Kultur paart sich mit bolivianischem Charme.

Wir sitzen in einem Musik-Restaurant im Zentrum von La Paz. Rund 50 Gäste speisen mit uns im Saal. Vertieft in Lamasteaks und Pellkartoffeln wagen wir nicht, den Blick vom Teller zu nehmen. Doch im Restaurant tut sich etwas. Mehrere junge Frauen und Männer betreten gleichzeitig eine kleine Bühne in einer Ecke des Raumes. Als der erste Knall ertönt, schrecken wir hoch. Unser Blick fällt auf bunt gekleidete Tänzer in Inkakostümen. Sie tragen Speere, Masken und bunten Federschmuck. Die Tänzer müssen wochenlang an der Verkleidung genäht und gestickt haben. Im Takt der Musik springen sie durch den Saal. Wir wippen mit. Das Essen gerät zur Nebensache. Die sieben Männer und Frauen bringen das kleine Restaurant zum Brodeln. Die Stimmung schäumt auf – nicht zuletzt wegen des Biers. Alkohol wirkt in 4.000 Meter Höhe stärker.

Plötzlich springt eine Tänzerin auf Falk zu. Sie schaut ihm tief in die Augen und greift seine Hand. Dann zerrt sie Falk auf die Bühne und die beiden tanzen wild umher. Die Miene der Tänzerin bekommt weichere Formen, als sie sieht, dass Falk den Spaß mitmacht. Einen blonden Jüngling hat sie auch nicht alle Tage an der Hand. Sie lächelt. Unsere Herzen schmelzen dahin. Nicht nur für diese Frau, sondern für das ganze bolivianische Volk. Der Charme, die Freundlichkeit und Offenheit haben es uns angetan.

Es ist kurz vor Mitternacht, als die Mannschaft abtritt. Eigentlich Schlafenszeit! Aber in La Paz geht der Abend jetzt erst richtig los. Auf den Eintrittskarten für dieses Musik-Restaurant steht der Bandname

Wer hätte gedacht, dass Panflötenmusik zum Ausgelassensein taugt. Rodolfo Choque, Flötist bei K'ala Marka, beweist es uns.

„K'ala Marka". In Bolivien sind die Jungs eine große Nummer. Als vier Mittvierziger die Bühne betreten, herrscht bei uns keine große Begeisterung. Sie bringen Panflöten und Triangeln mit. Wir fühlen uns erinnert an die Indianermusiker in deutschen Einkaufsstraßen. Die Vier beginnen mit ruhigen Tönen. Doch mit einem Mal stürmen zwei weitere Musiker auf die Bretter. Hugo Gutierrez und Rodolfo Choque. K'ala Marka ist komplett. Rodolfo zückt seine Panflöte. Hugo greift zur Minigitarre. Dann rocken sie ab. Wir werden von den Sitzen gerissen. Das haben wir in unserem Leben so noch nicht erlebt. Tom Jones, AC/DC und die Beatles können einpacken – Ladys und Gentlemen: Hier ist K'ala Marka! Nahezu alle Zuschauer – ob jung, ob alt – tanzen auf den Tischen. Eine Polonäse führt quer durch den Raum. Bis nach drei Uhr in der Frühe spielt die Band. Als sie abtritt, sind wir alle fix und fertig.

➡ Jenni empfiehlt

Hast du nachts kalte Füße im Bett? Das muss nicht sein: Alpaka heißt die Lösung. Die exklusive Wolle der Lamaart hält in Form von Socken, Pullovern und Jacken in den kalten Höhenlagen des Andenstaates kuschelig warm.

Bei bolivianischen Banditen

Wieder einmal nehmen wir den Bus. Mehr als 2.000 Kilometer liegen vor uns, bis wir in Santiago de Chile ankommen, wo in vier Wochen unser Flieger nach Neuseeland startet.

Auf dem Weg dorthin stoppen wir in Potosí, der höchstgelegenen Großstadt der Welt auf 4.000 Metern. Knapp elf Stunden Fahrt liegen vor uns. Aber bevor wir überhaupt aus La Paz wegkommen, dauert es noch eine Weile. Das Gepäck einer einzelnen Dame muss noch verladen werden. Der Gepäckraum ist schon voll. Sie schleppt ca. 20 unterschiedlich große Kartons heran, die auf das schmale Dach des Busses gestapelt werden. Sie scheint ihren gesamten Hausstand mit sich herumzutragen. Angespannt schielen wir nach oben. Mit jedem neuen Karton senkt sich das Fahrgestell des Busses. Ob wir wirklich in diesen Bus einsteigen sollen? Nach langem Überlegen entscheiden wir uns dafür. Schnell einschlafen, dann bekommen wir von der Wahnsinnsfahrt nichts mit. Nach ein paar Stunden werden wir wach. Der Bus hält. Ist vielleicht ein Karton vom Dach gerutscht? Falk fragt den Mann, der vor uns sitzt, was los sei. „Wir sind in Potosí. Da wollen Leute aussteigen", erklärt er uns müde. Ach, du meine Güte. Hier wollen wir doch auch raus. Draußen ist es noch stockduster. Sollten wir nicht erst gegen acht Uhr morgens ankommen? Schnell springen wir aus dem Bus. Der Fahrer drückt uns das Gepäck in die Hand, steigt wieder ein und fährt davon. Da stehen wir nun, im Dunkeln. Die Uhr zeigt vier Uhr morgens. Wohin jetzt? Ein Mann spricht uns freundlich an. „Sucht ihr ein Hotel? Ich kann euch zu einem fahren, das geöffnet hat. Ich bin Taxifahrer." Wieder überlegen wir. Wir sind gewarnt worden vor bolivianischen Taxifahrern. Einige entführen Fahrgäste, rauben sie aus und erzwingen die Herausgabe der Geheimzahlen für Geldkarten. Aber was bleibt uns anderes übrig? Wir steigen ein. Der Taxifahrer fährt los, biegt nach 500 Metern in eine dunkle Seitenstraße ein und hält an.

An der scheinbar dunkelsten Ecke von Potosí. Keine Laternen, kein anderes Auto, kein Mensch. Oder? Moment, ein Mann kommt auf unser Taxi zu. Der Fahrer kurbelt das Fenster der Beifahrertür herunter. „Sind das Touristen?", flüstert die unbekannte Gestalt durch das Fenster. Unser Fahrer nickt. Der Mann wendet sich an uns: „Guten Morgen. Willkommen in Potosí. Ich bin von der Touristenpolizei. Bitte zeigen Sie mir Ihre Pässe!", fordert er uns scheinbar freundlich auf. Er hält uns einen Plastikausweis mit Foto unter die Nase. Das Ding ist so groß wie eine Kreditkarte und sieht gar nicht offiziell aus. Vor genau solchen Situationen sind wir gewarnt worden. Nicht die Pässe rausgeben! Nicht das Gepäck öffnen! Sich nicht einschüchtern lassen! Sonst sind wir die Pässe oder noch schlimmer all unsere Sachen los. „Das ist kein Ausweis!", faucht Jenni den angeblichen Polizisten an. Unser Puls rast. Jenni hetzt unseren Fahrer: „Los. Gib Gas!" Der Touristenpolizist zieht seinen Arm durch das

Fenster zurück. Der Ausweis verschwindet in der Dunkelheit seiner Jackentasche. Er schaut zum Taxifahrer rüber. Die beiden Bolivianer verständigen sich noch schnell. Sie einigen sich, uns wegzufahren, um auf neuen Touristenfang zu gehen. Nach ein paar Sekunden rollt das Taxi wieder.

Wir atmen auf. Aber noch haben wir das angeblich geöffnete Hotel nicht erreicht. Ein paar Minuten später stoppen wir erneut. Rechts von uns können wir im Schein einer Straßenlaterne ein Haus erkennen. „Millennium-Hotel" steht in großen, geschwungenen Buchstaben über der Eingangstür. Drinnen ist alles dunkel. „Ihr müsst klingeln", erklärt uns der Fahrer. Er wuchtet unsere Rucksäcke aus dem Kofferraum und rast wieder davon. Wir klingeln. Keine Antwort. Wir klingeln noch einmal. „Hallo?", flüstert eine verschlafene Stimme aus der Sprechanlage. „Wir brauchen ein Doppelzimmer", erklären wir. „Haben Sie etwas frei?" Keine Reaktion. Wir sind verunsichert. Ein paar Minuten später springen die Neonlampen in der Eingangshalle des Hotels an. Eine ältere Dame in Bademantel

„Sicherheit, Eleganz, Komfort" steht auf dem Rand des Busdachs. Falk kontrolliert, ob unser Gepäck wirklich noch obenauf liegt.

schlurft in Hauslatschen zur Tür. Verschlafen schließt sie die Tür auf und empfängt uns nett. Wir sind froh, von der Straße weg zu sein. Sie zeigt uns ein schönes Zimmer, das wir gleich beziehen dürfen. Noch lange liegen wir grübelnd im Bett, doch irgendwann übermannt uns die Müdigkeit ...

Ohne weitere Vorfälle verbringen wir den nächsten Tag in Potosí. Dafür leiden wir umso schlimmer an Kopfschmerzen und Unwohlsein. Dabei soll es in den nächsten Tagen noch höher hinaus gehen – in die Salzwüste von Uyuni und weiter durchs Wüstenland nach Chile. Während der Tour geht es teilweise bis auf 5.000 Meter hinauf. Da ist Schonen angesagt. Wir verbringen den Tag vor dem Hotelfernseher und starten am nächsten Morgen mit dem Bus nach Uyuni. Der kleine Ort ist das Eingangstor zur Salzwüste. Es wimmelt von Reiseagenturen, die mehrtägige Touren in die lebensfeindliche, aber spektakuläre Landschaft anbieten. Vor einer der Agenturen treffen wir auf Nadja, eine Deutsche, ihren Freund Menno aus Holland und den Briten Dan. Wir sind uns sofort sympathisch. Gemeinsam klappern wir die Agenturen ab und entscheiden uns nach knapp zwei Stunden für einen Touranbieter. Drei Tage Salzwüste für 50 Euro pro Person. Ein guter Deal. Im Preis enthalten sind zwei Übernachtungen, Essen, Trinken, ein Geländewagen und Benzin sowie Alejandro, der Fahrer und Koch.

Am nächsten Tag um zehn Uhr stehen wir mit unserem Gepäck bereit. Zu uns gesellt sich noch Shabby aus Frankreich. Alejandro begrüßt uns freundlich. Seine braunen, leicht mandelförmigen Augen lächeln uns an. Sechs Touristen, ein bolivianischer Reiseführer und ein alter Toyota – der Trip verspricht lustig zu werden. Alejandro verstaut alle Rucksäcke auf dem Dach des Wagens. Hinzu gesellen sich ein Kocher und ölverschmierte Gasflaschen. Alles wird mit einer blauen Plastikplane verdeckt. „Gegen den Staub", erklärt unser Fahrer. Die Essensvorräte für die nächsten drei Tage landen im Kofferraum. Wir machen es uns auf den ausgesessenen Sitzbänken bequem. Alejandro startet den Motor. Unserem Abenteuer in der bolivianischen Salzwüste steht nichts mehr im Wege.

Von schneeweiß bis kunterbunt

Mit ruckenden Bewegungen knattert der rote Toyota los. Die Zivilisation lassen wir für die kommenden drei Tage hinter uns. Alejandro steuert den Wagen gekonnt vorbei an tiefen Schlaglöchern und über schmale Sandbrücken. Dan hat sich den Beifahrerposten ausgesucht. Dahinter sitzen – etwas eingequetscht – Shabby, Nadja und ihr Freund Menno. Wir beide haben die Rückbank für uns. Fröhlich sausen wir durch die Einöde. Dann biegt Alejandro links ab.

Das Ende der Welt: Hinter diesem kleinen Dorf kommt lange Zeit nichts mehr. 500 Kilometer Wüste liegen vor uns.

Die Salzwüste liegt vor uns. Mit 10.500 Quadratkilometern ist sie zehnmal größer als die Insel Rügen. Die Räder des Wagens rollen vom staubigen Sand auf die feste Salzkruste.

Vermummte Gestalten hacken das Salz von der Erde und türmen es zu kleinen Bergen auf. Ein Junge flitzt von einem Salzturm zum nächsten. Zwei Männer und eine ältere Frau kratzen mühsam an der Kruste. Eine gefährliche Schufterei. Das gleißende Licht lässt viele Salzhacker trotz Sonnenbrille erblinden.

Dieses Salzhotel mitten in der „Salar de Uyuni", der größten Salzwüste der Welt, wurde fast komplett aus dem „weißen Gold" gebaut.

Zwei Stunden sind seit unserer Abfahrt in Uyuni vergangen. Die Mittagssonne brennt heiß auf die weiße Kristallebene. Graue Spurrillen verlaufen im hellen Salz. Sie zeigen uns den Weg, den jeder Touristenjeep ab hier nimmt. Wir steuern die „Isla de Pescado" an – die Fischinsel. Ein kleines, bergiges Eiland mitten in der Wüste. „Die Insel heißt so, weil sie aussieht wie ein Fisch", lacht Alejandro.

Am Fuße des Inselberges parkt Alejandro das Auto zwischen zwei anderen Jeeps. Es herrscht Hochbetrieb. „Ihr könnt ein bisschen auf der Insel wandern gehen. Ich bereite derweil das Mittagessen vor", sagt unser Fahrer, jetzt in der Rolle des Kochs. Über Vulkangestein bahnen wir uns einen Weg vorbei an riesigen Kakteen, die weit in den Himmel ragen. Flinke Vögelchen schwirren um die weißen und rosaroten Blüten. In der glühenden Mittagssonne erklimmen wir den Fisch. Oben angekommen, halten wir Ausschau. Rings um uns herum nur weißes, leuchtendes Salz. Am Horizont erheben sich große Berge, sie scheinen im Flimmerlicht der Sonne zu glühen.

Zwei Jeeps setzen ihren Weg über die Kristallkruste fort, winzige, dunkle Punkte, die über das Salzfeld jagen.

Nach dem Mittagessen – Lama-Steak mit Reis – trägt uns der Toyota weiter über die rissige Ebene. Am Abend erreichen wir unsere Unterkunft – ein Hotel, fast komplett aus Salz gebaut. Müde fallen wir in unser Bett, eine durchgelegene Matratze auf Salzblöcken. Das Leben in der Wüste könnte bizarrer nicht sein.

„Aufstehen!", hallt Alejandros Stimme in unsere Zimmer. Im Halbschlaf wühlen wir uns aus den Betten an den Frühstückstisch. Pappige Brötchen mit Aprikosenmarmelade und heißer Tee wecken unsere Lebensgeister. Die Uhr an der Salzwand zeigt sechs Uhr morgens. Zeit aufzubrechen. Der Toyota holpert weiter durch die Wüste. Vorbei an dampfenden Vulkanen, bizarren Steinformationen und Lagunen. Die beeindruckendste ist die „Laguna Colorada". Der flache, aber große See ist vor allem bei Sonne und Wind einen Ausflug wert. „Dann sind die Algen am aktivsten und die Lagune leuchtet schön rot", erklärt uns Alejandro. Wir haben Glück. Vor uns zieht sich eine rote Wasserzunge entlang. Gesprenkelt mit kleinen rosafarbenen Punkten – hunderte Flamingos waten durchs schlammige Lagunenwasser. Sie sind auf der Suche nach nahrhaftem Plankton.

Völkerverständigung am anderen Ende der Welt. Wir reisen mit Briten, Holländern, Franzosen und unserem bolivianischen Guide durch die Salzwüste.

Einer der Höhepunkte auf der Tour durchs bolivianische Hochland: die „Laguna Colorada".

Das machen wir ihnen am nächsten Morgen nach. An unserem letzten Tourtag halten wir an heißen Quellen. Als erste Besucher genießen wir ein heilkräftiges Bad in dem 40 °C warmen Thermalpool. Nur wir sechs. In zwei Stunden werden wir die chilenische Grenze erreichen und das spektakuläre Bolivien verlassen. Bevor wir losfahren, werfen wir noch einen Blick zurück zum Pool. Dort tummeln sich mittlerweile 30 Leute. Danke Alejandro, dass du uns heute Morgen um vier Uhr aus dem Bett geschmissen hast!

Wir beenden unsere Jeep-Tour durch den Süden Boliviens mit einem Bad in den heißen Quellen. Eine Wohltat bei Außentemperaturen von unter Null Grad Celsius.

Chile

Größe: 750.000 km² ➡ 2 x Größe Deutschlands
Einwohner: 16,6 Mio.
Hauptstadt: Santiago de Chile
Währung: 1 Chilenischer Peso = 100 Centavos
Preisniveau: moderat
Zeit: MEZ –5 h
Ländervorwahl: +56

Highlight

❶ **Santiago de Chile:** Robbe hinauf zum Hügel Cerro San Cristóbal und erlebe, was es heißt, die Luft der Stadt nicht nur zu riechen, sondern auch zu sehen.

Typisch Chile!

Atacamawüste: Sie ist der trockenste Fleck der Erde. Es gibt Wetterstationen in der Atacama, die in ihrer Geschichte nicht einen Tropfen Niederschlag verzeichnet haben. **Die chilenische Empanada:** Der leichte bis schwere Snack mit Rindfleisch, Meeresfrüchten, Gemüse oder Käse ist für zwischendurch genau das Richtige.

Botschaft

Ort: Santiago de Chile • **Adresse**: Las Hualtatas 5677 Vitacura • **Telefon:** (+56 2) 463 25 00
E-Mail: reg1@santi.auswaertiges-amt.de

☛ Gut zu wissen

Denke beim Reisen durch Chile daran, dass das Land eine enorme Nord-Süd-Ausdehnung von über 4.000 Kilometern hat. Die durchschnittliche Breite Chiles beträgt dagegen lediglich 180 Kilometer. Eine 25-stündige Busfahrt ist keine Seltenheit. Stelle dich darauf ein!

Busgeschichten und Beziehungsstress

Nach drei Tagen Geländefahrt über bolivianische Huckelpisten jubeln unsere Hinterteile, als wir Chile erreichen. Eine asphaltierte Straße führt von der Grenze nach San Pedro de Atacama. Der Ort bildet eine Oase zwischen der Wüste von Uyuni und der Atacama. Touristenströme aus beiden Wüsten treffen hier aufeinander. In San Pedro wohnen knapp 5.000 Menschen. Die meisten leben vom Tourismus. Hier, auf entspannenden 2.500 Metern, wollen wir nur Halt für eine Nacht machen. Aber es kommt mal wieder alles anders als geplant.

Gegen Mittag hält unser Bus in San Pedro. Wir steigen aus, schultern die Rucksäcke und stiefeln los. Erst einmal ein Hotel finden, um das Salz und den Sand aus den Haaren zu waschen. Die Suche erweist sich als äußerst schwierig. Hier sind die Hotels entweder ausgebucht oder viel zu teuer. Wir haben uns an die günstigen Preise Boliviens gewöhnt. Mit viel Glück erhaschen wir in einer Jugendherberge einen Raum mit einem durchgelegenen Bett darin, das ist alles. 20 Euro zahlen wir für Gemeinschaftsbad und ein sehr hellhöriges Zimmer. Aber die längst fällige heiße Dusche stimmt uns fürs Erste milde. Bis wir erfahren, dass wir hier, am scheinbaren Ende der Welt, festsitzen.

Es ist wie verhext. Die Busverbindungen aus der Wüste hinaus in die Welt sind mager. Verzweifelt beraten wir uns. Doch wie wir es auch anstellen, wir kommen nicht weg aus der Wüstenstadt. Mindestens drei Tage müssen wir bleiben. Denn die Busse sind wie die Hotels in der Gegend stets ausgebucht. Die einzige Möglichkeit, den Ort innerhalb einer absehbaren Zeitspanne zu verlassen, ist die direkte Weiterfahrt in die Hauptstadt Santiago de Chile. Die 26 Stunden Busfahrt nehmen wir gern in Kauf. Wir wollen weg aus der teuren Wüste und dem Loch, in dem wir schlafen.

....

Ich sehe was, was du nicht siehst, und das liegt hinter dem Smog:
die Bergketten der Anden.

Auf den Schreck brauchen wir nun etwas zu essen. Das nächstgelegene Restaurant gehört uns. Wir gehen durch die Flügeltüren und wollen uns einen Tisch suchen, als Falk plötzlich stehen bleibt und jemanden begrüßt. „Sie kenne ich doch!", sagt er zu einem Ehepaar, das gerade sein Essen genießt. „Sie sind aus Magdeburg!" Der Mann schaut von seinem Suppenteller auf, die Frau lässt Messer und Gabel sinken. „Ja, das stimmt", antworten die beiden verblüfft. Schnell stellt sich raus: Das Paar wohnt gleich um die Ecke von Falk. Wir plaudern ein bisschen über Magdeburg, unsere Reiseberichte in den Medien und über Chile. „Siehst du", sagt Falk, als wir uns nach dem Gespräch zu Nadja und Menno an den Tisch setzen. „Ich habe doch immer gesagt: Wir werden auf unserer Reise mal jemanden treffen, den wir kennen."

Nach dem vergleichsweise teuren Essen trotten wir zurück ins Hotel. Wir sind enttäuscht von den ersten Stunden in Chile. Das Hotel ist mies, der Ort eine Katastrophe und irgendwann gehen wir uns gegenseitig auf die Nerven. Aber so etwas passiert hin und wieder, wenn man als Pärchen unterwegs ist. Dann gerät man schnell aneinander. Wir streiten über Dinge, die eigentlich völlig unwichtig sind, giften uns an und wünschen uns ein Einzelzimmer. Oder besser noch: nach Hause. Aber wen wundert das, schließlich hocken wir seit mehreren Monaten 24 Stunden am Tag aufeinander. Bisher haben wir derartige Situationen schnell in den Griff bekommen. Heute sitzt jeder auf seiner Bettkante und schmollt. Uns trennen nur zwei Meter. Nicht genug. Es muss fast ein ganzer Abend vergehen. Bis wir vergessen, worüber wir überhaupt gestritten haben. Und eine Versöhnung ist dann ohnehin immer am schönsten.

Weg aus San Pedro! Mit strahlenden Gesichtern lehnen wir uns im Bus zurück und träumen von der Großstadt – Santiago de Chile. Doch die Vorfreude wehrt nicht lange. Wir vier sitzen genau vor bzw. neben der Bordtoilette. Und die stinkt gewaltig. Vor uns liegen 26 Stunden Busfahrt. Prost Mahlzeit! Na ja, irgendwie werden wir diese Fahrt schon überstehen. Doch mit jeder Stunde, die vergeht, und mit jedem Fahrgast, der neben uns sein Geschäft verrichtet, füllt sich die Toilette und verbreitet einen üblen Geruch. Der Servicejunge des Busses bemüht sich um das Dilemma. „Ich kann etwas Chlor in das Klo kippen", will er uns beruhigen. Doch das Chlor beißt fürchterlich in unseren Nasen. Der Magen verkrampft, schreit und dreht sich. Dann wird uns das Abendessen serviert: Gulasch mit Nudeln.

Ankunft in Santiago de Chile. Trotz des Smogs saugen wir die geruchsfreundlichere Luft tief in uns ein. Die Stadt liegt inmitten der Anden in einem Talkessel, so dass Auto- und Industrieabgase häufig zu dicker Luft führen und die Bergkette nicht mehr zu erkennen ist.

Nach schneller, erfolgreicher Hotelsuche ziehen wir durch die Straßen von Berlin. Entschuldigung, Santiago. Aber hier sieht es wirklich aus wie in unserer Hauptstadt. Nadja staunt an fast jeder Ecke. „Friedrichstraße. Unter den Linden. Fernsehturm." Sie muss es wissen – sie kommt aus Berlin.

Um eine neue Stadt kennenzulernen, ist es gut, sich einen Eindruck aus der Höhe zu holen. Denn von oben werden unbekannte Dimensionen erst erkennbar. Und so besteigen wir den Hügel Cerro San Cristóbal. Er dominiert das Stadtbild von Santiago. Nicht zuletzt auch wegen der 22 Meter hohen Statue der Jungfrau Maria. Der Ausblick ist enttäuschend. Erst jetzt wird uns bewusst, was wir im Talkessel für Luft eingeatmet haben. Eine dicke, milchige Dunstglocke schwebt über der ganzen Stadt und vernebelt den freien Blick. Santiago bleibt also weiter ein Geheimnis. Nur ein gewaltiger Schauer oder ein besonders starker Wind würden Sicht verschaffen. Doch so viel Zeit haben wir nicht. Wir wollen weiter! Wenn es da nicht ein gewaltiges Problem gäbe …

„Sie haben keinen Flug nach Neuseeland. Der ist gestrichen worden!", sagt die Dame im Büro der Fluggesellschaft freundlich. Unsere Kinnladen klappen nach unten. „Wie bitte? Wer hat denn unseren Flug gestrichen?", fragen wir entsetzt. Tausend Gedanken rasen uns durch den Kopf. Vielleicht waren es die Diebe, die in Kanada – neben vielen anderen Dingen – auch Falks Flugtickets gestohlen haben? Deswegen sind wir heute eigentlich nur hier. Um eben diese gestohlenen Tickets neu ausdrucken zu lassen. Nun stehen wir in Santiago de Chile, zwei Wochen vor unserem Flug nach Neuseeland. „Ihr Reisebüro hat den Flug gestrichen", sagt die Dame. Wieso? Warum? Darauf weiß sie leider auch keine Antwort. Aber sie verständigt umgehend unseren Reiseveranstalter in Berlin. „Machen Sie sich keine Sorgen! Das ist ja nicht Ihr Verschulden", versucht uns die nette Dame zu beruhigen. „Für den Flug zum gewünschten Termin sehe ich allerdings schwarz. Der ist für ihre Preisklasse schon ausgebucht", erklärt sie uns.

Am Abend erreicht uns eine Mail des Reisebüros. Wir überfliegen die Zeilen und erfahren, was wir schon wussten. Unseren geplanten Flug nach Neuseeland können wir vergessen. „Ich versuche mein Bestes, einen anderen Flug zu buchen", schreibt der Mann vom Reisebüro. Na dann – wir warten! Aber nicht hier in Chile. Zusammen mit Nadja und Menno wollen wir noch nach Argentinien. Unplanmäßig! Die beiden haben uns überzeugt. „Argentinien ist viel billiger als Chile", meint Menno. „Und dann können wir noch ein paar Tage gemeinsam in Buenos Aires verbringen!", fügt Nadja hinzu. Falks Geburtstag steht vor der Tür. Bei dem Gedanken, seinen großen Tag in der argentinischen Hauptstadt zu feiern, ist er Feuer und Flamme. Überredet! Wieder geht es quer über den Kontinent. Mittlerweile haben wir jegliches Gefühl für Entfernungen verloren. Die Jagd nach Kilometern wird zum Spiel.

➡ **Falk empfiehlt**

Abends und an den Wochenenden herrscht Highlife auf dem Plaza de Armas (Kathedralenvorplatz) und den Einkaufsstraßen in Santiago. Puppenspieler, Musiker, Breakdancer und Maler verzaubern das Straßenpublikum und freuen sich über jede kleine Spende.

Argentinien

Größe: 2,8 Mio. km² ➡ 8 x Größe Deutschlands
Einwohner: 39 Mio.
Hauptstadt: Buenos Aires
Währung: 1 Argentinischer Peso = 100 Centavos
Preisniveau: moderat
Zeit: MEZ –4 h
Ländervorwahl: +54

Die Highlights

❶ **Mendoza:** Genieße das Flair und teste einen Wein aus einer der wichtigsten Weinanbauregionen der Welt.

❷ **Buenos Aires:** Lege dein Heimweh zur Seite und komme an in einer der pulsierendsten Metropolen der Welt.

Typisch Argentinien!

Tango: Tanzmuffel scheint es in Argentinien nicht zu geben. Man hat den Eindruck, hier hat jeder den Rhythmus im Blut. Sogar auf der offenen Straße finden sich Paare zum Tanzen. Und die Jugend schwingt in den Klubs das Tangobein.

Botschaft

Ort: Buenos Aires • **Adresse:** Calle Villanueva 1055, C1426BMC • **Telefon:** (+54 11) 47 78 25 00
E-Mail: info@buenos-aires.diplo.de

☛ Gut zu wissen

Auch wenn der Hauptflughafen gleich um die Ecke von Buenos Aires liegt (22 Kilometer entfernt). Die Fahrt dorthin kann Stunden dauern. Dichter Verkehr, rote Ampeln und gelassene Busfahrer erschweren das zügige Vorankommen. Denk also frühzeitig an deinen Abflug.

Der Wein ist die Poesie der Erde

Je näher wir unserem Ziel kommen, desto ungeduldiger werden wir. Als wir die Stadt Mendoza erreicht haben, rund sechs Busstunden von Santiago de Chile entfernt, hält es Menno und Falk kaum noch auf den Sitzen. Sie wollen raus und einen Schluck richtigen argentinischen Rotwein schlürfen, dazu ein saftiges Steak essen und Fußball gucken. Das müssen echte Männerträume sein.

Mendoza ist unumstritten das Zentrum des Weins, was ihr auch den Beinamen „Stadt der Sonne und des guten Weins" eingebracht hat. 70 Prozent des argentinischen Weins werden hier gekeltert. Die Stadt liegt rund 700 Meter über dem Meeresspiegel. Der Bus kommt aus den höher gelegenen Anden und fährt dann ins Tal hinunter. Die Region gilt als trocken und sonnig. Perfekt für lange Spaziergänge.

Am Busbahnhof schultern wir unsere Rucksäcke und ziehen zu viert mit Sack und Pack zum Taxistand. Als kostenbewusste Europäer schnappen wir uns gemeinsam ein Taxi. Die Achse biegt sich, aus dem Kofferraum ragen unsere Rucksäcke. Doch das Auto fährt. Schwups, sausen wir auf den Mendoza Highway bis in die Innenstadt, wo wir unser Hotel beziehen. Die Frau an der Rezeption begrüßt uns kurz, dann möchte sie sämtliche Daten, wie Adresse, Geburtsdatum, Telefonnummer, E-Mail, Reisezeitraum, Reiseziele etc., wissen. Brav zücken wir die Papiere. Falk wohnt heute in der Käsefußstraße 23 in Krummhausen, heißt Fred Fussel. Er hat weder Telefon noch E-Mail, hat aber bereits eine Reise von Kiel nach Hamburg gemacht und wird dann weiterreisen nach München. Da der Buchstabe „ü" auf der argentinischen Tastatur nicht existiert, nimmt der Computer nur ein „u" und somit ist München kein Ort mehr, der im argentinischen Computersystem erfasst werden kann. Falk lacht sich ins Fäustchen, als die Empfangsdame verzweifelt über der Tastatur hängt.

Sieht schlimmer aus, als es ist: Es herrscht geordnetes Chaos im Straßenverkehr von Buenos Aires.

Buenos Aires steckt voller Energie. Der Tag spielt sich in Argentinien auf der Straße ab und nicht hinter den eigenen vier Wänden.

Nach der umständlichen Registrierung bekommen wir die Schlüssel, ziehen in unsere Zimmer und stiefeln anschließend in die Stadt. Wir gehen durch prächtige Alleen, umgeben von spanischen Kolonialbauten. Vieles erinnert sehr an die schönen Ecken von Palma de Mallorca. An der Touristeninformation lassen wir uns eine Weintour aufschwatzen. Wir tun zunächst desinteressiert. So versucht uns der Touristenführer ein spezielles Angebot anzudrehen.

Jetzt müssen wir nicht einmal mehr Fahrtgeld für die Tour zahlen. Kostenlos werden wir zu verschiedenen Weinhändlern gekarrt. Ein Gläschen frischen Weins nach dem nächsten landet im Magen und in den Köpfen. Einstimmig beschließen wir nach Runde Nummer vier: Der argentinische Wein ist vorzüglich. Nach Runde Nummer acht grölen die Jungs feuchtfröhlich: „Der arschentinische Weiiin is primaaa!" Ein Sprichwort sagt: „Der Wein wirkt stärkend auf den Geisteszustand, den er vorfindet: Er macht die Dummen dümmer, die Klugen klüger!" Menno und Falk philosophieren im Hotel bis tief in die Nacht über argentinische Frauen und Fußball.

Mit schwerem Schädel sitzen wir am Morgen erneut im Bus. Die Männer, die auf der Hinfahrt nach Mendoza noch so agil waren, machen heute einen eher müden Eindruck. Wir rattern durch die Prärie, Falk und Menno schnarchen sofort weg.

Bienvenidos a Buenos Aires, Willkommen in der Stadt der guten Winde! Die Straßen sind beklebt mit Hallo-Plakaten, bunten Bildern und Schildern: Ein schlanker Mann knuspert im feinen Anzug ein Stück argentinisches Rindfleisch. Eine schmale Blonde preist die neueste Modekollektion an. Der Bus steuert geradewegs in das Zentrum der Shopping-Metropole.

Wir schmeißen die Rucksäcke ins Zimmer einer muffigen, aber günstigen Unterkunft, duschen und ziehen los. Die kleinen Preise ziehen mit uns durch die Stadt und machen auch vor unseren grummelnden Mägen nicht Halt. Wir entdecken das „Red Leaf", ein Restaurant zwischen zwei prall gefüllten Geschäften. Kaum ein Tisch ist frei – es scheint also zu schmecken. Jetzt schlagen wir uns die Bäuche mit Salat, Fleisch, Fisch, Nudeln, Reis, Gemüse und Nachspeisen voll. Alles wird frisch vor unseren Augen zubereitet. 2,50 Euro bezahlt jeder von uns für das Mittagsbuffet.

Der Hunger ist vertrieben und wir schlendern gut gelaunt durch die Straßen. Egal wo wir hinschauen reihen sich die Geschäfte dicht an dicht. In den Schaufenstern hängt die neuste Mode für den großen und kleinen Geldbeutel. Riesige CD-Läden, Tabakgeschäfte und Weinkontore säumen die Straßen. Acht Tage sind wir in Buenos

Aires, eine viel zu kurze Zeit. Allein in San Telmo verbringen wir drei Nachmittage und viele Abende. Hier haben sich zahlreiche Künstler niedergelassen. Schöne Restaurants wechseln sich mit fantastischen Geschäften ab. Hübsche Parks spenden Erholung. Vieles in dieser belebten, aber doch so stillen Metropole erinnert an Paris. Wir haben uns verliebt. Zum ersten Mal auf der Tour machen wir uns ernsthaft darüber Gedanken, das Reisen aufzugeben. An den Immobiliengeschäften kleben Annoncen mit Zwei- und Dreiraumwohnungen zum Minipreis. Ein Anruf reißt uns schicksalhaft aus den Träumen. Aus dem Leben in der Ferne wird nichts.

Der Mann von unserem Reisebüro hält Wort. Er bestätigt, dass wir zum gewünschten Termin vom hiesigen Flughafen nach Neuseeland fliegen können. Das Ende unserer Reise durch Amerika ist damit besiegelt. Der längste Flug steht uns nun bevor. 16 Stunden brausen wir durch die Luft! Nach Mittel- und Südamerika erwartet uns jetzt wieder eine völlig andere Kultur. Ein anderes Leben. Wir verabschieden uns von Nadja und Menno. Die beiden reisen noch weiter durch Argentinien. Wir steigen in den Flieger nach Neuseeland und sagen: Adiós, Argentinien. Good bye, Amerika.

➡ **Jenni empfiehlt**

Steak, Fußball und Wein … und am besten alle drei Dinge auf einmal! Geh essen in Argentinien! Ob typisch in eine Parilla (Steakhouse) oder modern in ein Buffetrestaurant wie das „Red Leaf". Das Essen ist ein Traum und die Preise sind günstig.

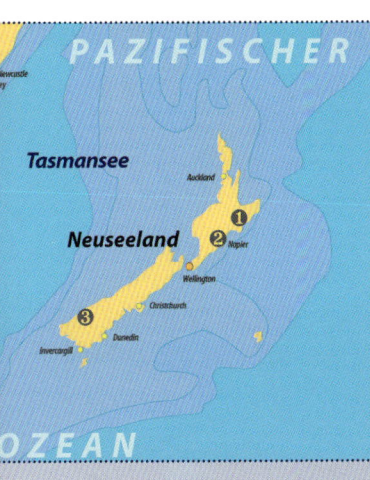

Neuseeland

Größe: 270.000 km² ➡ ¾ x Größe Deutschlands
Einwohner: 4,2 Mio.
Hauptstadt: Wellington
Währung: 1 Neuseeland-Dollar = 100 Cents
Preisniveau: hoch
Zeit: MEZ +11 h
Ländervorwahl: +64

Die Highlights

❶ Rotorua: Verbrühe dich nicht an heißen Quellen! Genieße mit Vorsicht gelbe Schwefelflüsse und grüne Arsenseen.

❷ Tongariro-Nationalpark: Schnür deine Wanderschuhe und geh auf eine der eindrucksvollsten Wandertouren Neuseelands.

❸ Doubtful Sound: Recke den Hals und entdecke den Fjord mit seinen bis zu 800 Meter hohen Wasserfällen.

Typisch Neuseeland!

Funsport: In Queenstown, der Hauptstadt aller Abenteuer, hallt ein ständiges Raunen durch die Luft. „Huaaa" hört man bei Bungeesprüngen und „Wow" schallt es aus Schluchten beim Canyoning.

Botschaft

Ort: Wellington • **Adresse:** 90–92 Hobson Street • **Telefon:** (+64 4) 473 60 63 • **E-Mail:** German.Embassy@iconz.co.nz

☛ Gut zu wissen

Seit einigen Jahren ist das Paradies in Aufruhr. Ließ man früher seine Tür zum Haus und Auto offen, so ist das heute keineswegs mehr ratsam. Diebstähle nehmen in Neuseeland rasant zu. Also: Wertsachen nie unbeaufsichtigt lassen!

Im Friedensreich Neuseeland

Ein alter Spruch der Ureinwohner Neuseelands, der Maori, besagt: „Als Gott die Welt erschaffen hatte, stellte er fest, dass in den unendlichen Weiten des Pazifiks noch Platz für zwei große Inseln übrig war. Er nahm daraufhin von allen Erdteilen das Schönste und Interessanteste und erschuf sein Meisterwerk: Neuseeland." Der Mythos dieser Trauminseln weckt unsere Fantasien beim Anflug auf die Nordinsel. In dem kleinen Land zwischen Australien und der Antarktis beginnt der zweite Teil unseres Weltreise-Abenteuers. Wir landen in Auckland, der größten Metropole Neuseelands.

Mehr als eine Million Einwohner leben in Auckland. Nur vier Millionen Menschen zählt Neuseeland insgesamt. Wir schlendern durch Shoppingtempel, bestaunen Kinos und Theater und den Skytower, das höchste Gebäude der südlichen Erdhalbkugel. Vom Skytower stürzen sich stündlich mehrere Menschen. Bungeespringen steht im Funsport-Paradies Neuseeland hoch im Kurs. Ansonsten ist Neuseelands größte Metropole eine Stadt wie jede andere auch. Wäre da nicht ein gewaltiger Unterschied zu allen bisher besuchten Städten: Ab Auckland müssen wir im Linksverkehr Auto fahren.

Wer hat das Lenkrad geklaut? Falk grinst. Er hat sich versehentlich auf die gewohnte Fahrerseite unseres neuen Mietwagens gesetzt. Doch das Lenkrad befindet sich auf der rechten Seite. Also rutscht er über den Schaltknauf auf den ungewohnt platzierten Fahrersitz. Der Blick nach unten in den Fußbereich zeigt: Die Pedale sind wie daheim angeordnet. Gott sei Dank! Nachdem die erste Orientierungsphase abgeschlossen ist, können wir losrollen. Als es plötzlich anfängt zu nieseln, drückt Falk den rechten Scheibenwischerhebel am Lenkrad nach unten. Wir blinken. Die Scheibe bleibt nass. Tja, auch diese Hebel sind hier andersherum angebracht. Sehr gewöhnungsbedürftig.

Heute schaffen wir nur knapp hundert Kilometer. Die kurze Fahrstrecke reicht fürs Erste. Falk hat niemanden überfahren und die panischen Reaktionen à la „Verdammt, wie rum fahre ich denn nun in den Kreisverkehr?" haben wir auch unbeschadet überstanden.

Geschafft landen wir auf einem Zeltplatz mit Blick aufs Meer. Falk kriecht ausgelaugt ins neue Zelt. Er hat ein eigenartiges Surren im Kopf. Die rechte Gehirnhälfte steht unter Hochspannung, munkelt er. Doch Falk war gewarnt. „Die Umgewöhnung ans Linksfahren stresst den Kopf", erzählte ihm der Autovermieter in Auckland bereits am Vormittag. „Das Surren verschwindet nach einigen Tagen wieder. Relaxen und Schlafen ist die beste Medizin."

Ausgeruht sitzen wir tags darauf wieder im Auto und sausen gen Norden. Nach einer Stunde Fahrt meldet sich die Blase. Der heiße Kaffee vom Frühstück will raus. Doch noch haben wir unser Ziel nicht erreicht. Heute wollen wir auf ein ganz besonderes „Örtchen". Das steht in Kawakawa. Falk drückt aufs Gas.

Eine halbe Stunde später flitzen wir auf die lang ersehnte Friedensreich-Hundertwasser-Toilette. Die Kacheln leuchten bunt und hängen scheinbar ungeordnet an den Wänden. Wie in jedem Hundertwassergebäude. Das Aushalten hat sich gelohnt. Der österreichische Künstler, der im Jahr 2000 verstarb und dessen letztes Projekt mit dem Magdeburger Hundertwasserhaus umgesetzt wurde, hat in Kawakawa sein einziges Gebäude auf der Südhalbkugel realisiert. Stolz ist man im Ort auch, dass Hundertwasser ganz in der Nähe seinen Lebensabend verbracht hat. Im gegenüberliegenden Café gönnen wir uns einen leckeren Cappuccino. An der Caféwand haben schon viele Touristen und Hundertwasser-Fans herzliche Botschaften hinterlassen. Wir tun es ihnen gleich. Falk nimmt den Filzstift in die Hand und schreibt: „Falk und Jenni aus Magdeburg, Germany. Wir lieben Hundertwasser!" Eigentlich müssten wir uns schämen. Dem Magdeburger Hundertwasserhaus, der Grünen Zitadelle, haben wir nicht so viel Aufmerksamkeit geschenkt.

Das nördlichste Kap Neuseelands soll das Ziel für Morgen sein. Bis zum Cape Reinga wollen wir es schaffen. Es dämmert schon, als wir unser Lager für die Nacht auswählen – einen Campingplatz in der Bay of Islands. Für viele das Paradies auf Erden. Das Meerwasser schimmert hellblau wie der Himmel. Die Dünen und der Wald bilden die Konturen am Horizont. In dieser Idylle suchen wir uns

Vom Cape Reinga nach Bluff: Mehr als 2.000 Kilometer liegen vor uns, um vom nördlichsten Punkt Neuseelands zum südlichsten zu gelangen.

ein Plätzchen. Das Campen hier in Neuseeland macht richtig Spaß. Auf fast jedem Zeltplatz ist es ruhig und man ist oft direkt in der Natur. Doch auf Komfort braucht man deshalb nicht zu verzichten. Es gibt meist eine gut ausgestattete Küche mit Herd, Kühlschrank und Mikrowelle, saubere Duschen und Toiletten. Fast immer gehören auch noch ein Gemeinschaftsraum mit Fernseher und ein Pool dazu. Wir lassen es uns gut gehen. Der Autovermieter hatte Recht. Nach nur wenigen Tagen und viel Ruhe und Entspannung hat sich Falk an das Linksfahren gewöhnt. Das Surren im Kopf ist seit dem letzten Sonnenaufgang wie weggeblasen. Mit der morgendlichen Dämmerung starten wir in den einsamen Norden. Wir zapfen noch einmal ausreichend Sprit an der vorletzten Tankstelle, denn die letzten sind bekanntlich immer die teuersten. Dann beginnt eine nicht enden wollende Schotterpiste. Es gießt in Strömen und der rutschige Weg schlängelt sich bergauf. Die „Straße" wird zunehmend schmaler. Und plötzlich macht in Falks Kopf etwas „Klick". Höhenangst! Also übernimmt Jenni das Steuer. Sie begeht den klassischen Fehler und fährt zu weit links. Falk sieht uns schon den Abhang herunterstürzen. Er schreit: „Rechts, rechts!" Vor lauter Schreck fährt Jenni noch weiter links. „Was ist denn rechts?", kreischt sie zurück.

Lebend erreichen wir den Parkplatz und verlassen den Wagen. Beide rennen wir in entgegengesetzte Richtungen. „Blöde Kuh!", meckert

Falk. „Blödmann!", schimpft Jenni. Es regnet noch immer. Erst
nach und nach zieht die Regenfront weiter und gibt den Blick aufs
offene Meer frei. Wir treffen uns wieder und laufen gemeinsam –
allerdings schweigend – zum kleinen rot-weißen Leuchtturm. Der
Blick ist atemberaubend. Hier ist man wirklich am Ende der Welt.
Ganz allein stehen wir am Kap, die raue See wirbelt unter uns. Die
Sonne strahlt auf die riesigen Wellen, die gegen die Felsen peitschen.
Wir schließen Frieden und traben zurück zum Auto. „Meinst du, du
kannst den Weg zurückfahren? Oder soll ich wieder das Stück ..."
Falk unterbricht: „Nee, nee, lass mal. Besser, ich fahre!"

Von neuseeländischen Plagen

„Eins, zwei, drei ... Guck mal, da hinten liegt noch eins", Falk zählt
fleißig Possums. Die pelzigen Tiere, im Deutschen „Kusus" genannt,
liegen haufenweise auf der Straße. Jede Nacht enden viele von ihnen
unter einem Autoreifen. Die Neuseeländer freut es.
„Die Possums sind eine Plage. Sie wurden eingeschleppt aus Australien und fressen uns hier die Bäume kaputt. Wenn ihr eins überfahren
könnt, dann nur zu", ermuntert uns eine Campingplatzbesitzerin.
Das Holz der Bäume in Neuseeland ist – anders als in Australien –
schön weich. Eine Gaumenfreude für die Tiere. Zudem haben sie
hier keine natürlichen Feinde. Sie vermehren sich ungestört und immer mehr Bäume fallen ihrem Hunger zum Opfer." 70 Millionen
Possums sollen Neuseeland mittlerweile bevölkern. Jede Nacht ver-
tilgen sie 21 Tonnen Blätter. Eine Delikatesse der Possums sind Vo-
geleier und Jungvögel. Das hat katastrophale Folgen für das Natio-
naltier Neuseelands – den Kiwi, einen nachtaktiven Vogel. Deswegen
ist der Abschuss von Possums erlaubt. Die Campingplatzbesitzerin
lädt uns auf eine Tour in ihren australisch-neuseeländischen Souve-
nirshop ein. In ihren Regalen liegen Mützen und Handschuhe aus
Possumfell, Landkarten gedruckt auf Possumleder und viele andere
Jagdtrophäen. Im Heimatland Australien steht das Tier unter Natur-
schutz. Nach den Possums kommen die Schafe. Von beidem haben

die Neuseeländer mehr als genug. Auf einen Menschen kommen in Neuseeland rund 15 Schafe. Auf der Halbinsel Coromandel ist das „Mähen" der Tiere allgegenwärtig. Menschen geben nur selten einen Laut von sich. Obwohl Hochsaison in Neuseeland ist, scheint kaum jemand in der Gegend unterwegs zu sein. Wir müssen die Fahrbahn mit nur wenigen Autos teilen. Auch unseren auserwählten Campingplatz haben wir fast für uns allein. Aber eben nur fast.

Erst ein leises Fiepen. Dann ein lauter Schrei. Der stammt von Jenni. Ersteres Geräusch erzeugen Ratten. Die haben ihre Idylle rund um den Campingplatz gefunden. Als Jenni plötzlich ein ekliges Rattenvieh fast über den Fuß läuft, ist es aus. „Ich habe nichts gegen Spinnen oder Schlangen, und auch Käfer lassen mich weitgehend kalt. Aber bei Ratten hört alles auf. Falk, bitte, lass uns fahren!" Schnell reißen wir das Zelt vom Gestänge und schmeißen alles ins Auto. Dann hauen wir ab. Zurück in die Zivilisation. Auf einen privaten Campingplatz. Ohne Ratten. Doch die nächste neuseeländische Plage wartet bereits auf uns.

Campen am Friedhof bei Ashhurst: Hoffentlich wird es nicht auch unsere letzte Ruhestätte.

Die Hölle tritt nach außen: Weiße Sulfidbrücken, gelbe Schwefelbäche und rote Eisenoxidterassen gestalten die Vulkangegend um Rotorua.

Ungenießbares Wasser fließt im Herzen Neuseelands. Hier stülpt sich die Erde nach außen. Rund um den Ort Rotorua locken vulkanische Gebiete. Schon mehrere Kilometer vor der Stadt riechen wir sie – die Schwefelquellen. Der Geruch, den wir aus der Schule nur vom Chemieunterricht kennen, gehört in Rotorua zum Alltag. Die ganze Stadt stinkt nach Schwefelwasserstoff. Oder besser gesagt: nach faulen Eiern. Im weiter südlich gelegenen „Waimangu Volcanic Valley" kommen zu brodelnden Schwefelquellen, heiße Bäche und Arsenseen hinzu. Eisenoxid lagert sich an Silizium. Bizarre Landschaftskulissen sind entstanden. Ein Farbspiel der besonderen Art. Doch die aktive Erde bietet nicht nur visuelle Reize.

Am Abend halten wir erschöpft an einem Campingplatz. Klein, aber fein ist er, mit drei Pools zum Baden. Alle werden durch die größte natürliche Heißwasserquelle Neuseelands gespeist. Kein Chlorgeruch stört beim Entspannen – das Wasser wird bei jedem Sonnenaufgang gewechselt. Mit einem langen Bad lassen wir den Tag ausklingen. Vergessen sind sie, die neuseeländischen Plagen.

Die Schafswiesen der Gebrüder Alexander gehörten zu Peter Jacksons Lieblingsdrehorten. Hier hat der Regisseur sein Hobbingen für die „Herr der Ringe"-Trilogie aufgebaut.

Zu Hause bei Frodo und seinen Freunden

Grüne Wiesen, so weit das Auge reicht. Und Schafe. Hunderte! Wir holpern in einem weißen Minibus über privates Farmland. J. R., unser Fahrer, erklärt gut gelaunt, dass die Farm der Familie Alexander gehört. Und er erzählt uns, wie dieses unscheinbare Stück Neuseeland über Nacht zum Star wurde.

1999 wurde aus der Schafsfarm ein kleines Land für kleine Leute. Hobbingen (englisch Hobbiton) entstand. Ein winziges, aber bedeutendes „Mittelerde"-Land in der „Herr der Ringe"-Saga. Peter Jackson, Regisseur der Filme, sah in der Farm das perfekte Hobbingen. Grüne, saftige Hügel, ein See, ein riesiger Baum am Ufer. Nachdem die Alexanders zugestimmt hatten, wurde alles in Bewegung gesetzt, um ein Stück ihrer Farm in ein Fantasiestädtchen zu verwandeln. Das neuseeländische Militär ebnete eine Straße, Handwerker aus aller Welt errichteten kleine Höhlen, in denen die Hobbits zu wohnen pflegen, Gärtner pflanzten Blumen, Obst und Gemüse. Aus Einwohnern des nahe gelegenen Ortes Matamata wurden Hobbitdarsteller. Nach und nach entstand Hobbingen.

Ein Jahr lang tummelten sich auf der Farm der Alexanders Schauspieler, Statisten und eine riesige Filmcrew. Bis zu 400 Personen stapften über die Auenwiesen. Nach den Dreharbeiten im Jahr 2000 musste alles wieder in seinen Originalzustand versetzt werden. Das meiste fiel dem Bagger zum Opfer. Die kleinen Hobbithöhlen blieben. Sie wurden aus Material gefertigt, das mit der Zeit verrottet. Die Schafe übernahmen erneut die Herrschaft über Hobbingen. Bis ein paar Leute aus Matamata auf eine pfiffige Idee kamen. Warum alles verrotten lassen? Sie fragten bei Familie Alexander an, ob sie Touren ins ehemalige Hobbingen anbieten könnten. Wieder stimmte die Familie zu. Damit ist die Farm der einzige Drehort, an dem noch ein Stück Kulisse erhalten geblieben ist.

Seit dieser Zeit werden hier täglich Touristen herumkutschiert. So wie wir heute. J. R. plappert immer noch fröhlich. Nach 20 Minuten Holperei über die Schotterstraße erreichen wir den Drehort. Und siehe da – das ist wirklich Hobbingen. Wir sehen den See, den großen Baum, die Höhlen. Aber wir sehen keine Gärten, keine Wege, keine Brücke, keine Hobbits. Fantasie gehört zum Besuch dazu. J. R. erklärt alles ganz genau. Von der Geschichte, den Dreharbeiten, der Farm. Hier und da muss er ein Schaf von den Hobbitbehausungen scheuchen. Nach knapp anderthalb Stunden erreichen wir die größte Höhle – das Haus von Frodo und Bilbo, zwei Hauptfiguren. Wir dürfen eintreten. Im Innern ist nicht viel zu sehen. Nur Lehm und ein paar Holzbalken. „Die Aufnahmen der Innenhöhle wurden im Studio in Wellington gemacht", erklärt J. R. Aber wir können in der Höhle stehen und durchs Fenster nach draußen schauen. Da hocken wir nun vorm Hobbitfenster und lassen unserer Fantasie freien Lauf, bis neue Touristen nachdrängen. Wir fahren zurück zum Ausgangspunkt. Hier planen wir weitere „Herr der Ringe"-Abenteuer. Insgesamt filmte der Regisseur an rund 200 Drehorten auf der Nord- und auf

➡ **Falk empfiehlt**

Frag in Neuseeland lieber nicht nach einer Sauna! Wir haben es getan und angeekelte Blicke, Kopfschütteln und verlegenes Kichern geerntet. Lange haben wir uns gefragt, warum wir keine vernünftige Antwort auf unsere Frage bekommen. Bis uns ein Neuseeländer aufklärte: „Bei uns nutzen nur Prostituierte und ihre Freier Saunen."

der Südinsel. Wie Frodo im Film besteigen wir morgen den Schicksalsberg im Herzen Mordors, dem unheimlichen Ort Mittelerdes. Der Berg Ngauruhoe im Tongariro-Nationalpark stand Pate für den Schicksalsberg. Rund um den Vulkan lässt sich eine der schönsten Neuseelandwanderungen erleben – das Tongariro Crossing. Eigentlich eine relativ einfache Tour entlang zweier Vulkane. Aber nicht, wenn wir losmarschieren. Denn uns erwartet neben Lavagestein auch Schnee!

Vulkanisches Neuschneeland

„Piep, piep, piep" – gnadenlos tönt der Wecker. Wir reißen die Augen auf. Stockduster draußen! „5:00" leuchtet uns die Digitalanzeige entgegen. Zeit, aufzustehen, um die beste Eintageswanderung Neuseelands in Angriff zu nehmen. Zeit fürs Tongariro Crossing. Draußen ist es bitterkalt. Eigentlich sollten auf der Südhalbkugel im Dezember sommerliche Temperaturen herrschen. Aber wir erwischen Neuseelands kältesten Sommer seit der ersten offiziellen Wetteraufzeichnung vor 60 Jahren. In einer warmen Hütte übernachtet zu haben, war eine gute Entscheidung. Die Scheiben unseres Autos sind am Morgen dick vereist. Unser Kofferraum ist über Nacht zum Gefrierschrank geworden. Wir schnappen unsere Verpflegung und rennen in den Frühstücksraum, schmeißen Brot in den Toaster. Die Margarine ist gefroren, ebenso die Marmelade. Hm, dann gibt es eben Brot ohne Belag. Hauptsache was Warmes. Dann packen wir uns in dicke Klamotten, Wasser und Sandwichs in den Rucksack. Auf geht es! Sechs Uhr. Wir schnappen unseren Rucksack und steigen in den Shuttle-Bus. Der bringt uns zum Ausgangspunkt der Wanderung. Von dort geht es 17 Kilometer durch die bizarre Vulkanlandschaft. Mittlerweile ist die Sonne aufgegangen. Schön anzusehen, vor allem nach den letzten drei Tagen. Wir hatten Dauerregen. Der neuseeländische Sommer mit 30 °C Hitze scheint sich vor uns zu verstecken. Die Ankunft am Startpunkt. Der Weg scheint gemütlich zu werden. Die grasige Ebene hat sich mitten in diesem neuseeländischen Som-

Belohnt wird, wer oben ankommt. Auf 17 Kilometern hält der Tongariro-Nationalpark spektakuläre Aussichten bereit.

mer in ein Winterzauberland verwandelt. Glitzernde Eiskristalle sitzen auf den kleinen, grünen Büschen. Pfützen sind zugefroren, der Holzsteg, der auf dem rutschigen Vulkangeröll liegt, ist spiegelglatt. Passend, denn die Weihnachtszeit bricht an. Fröhlich trällern wir Weihnachtslieder. Nach zwei Kilometern erreichen wir den Aufstieg. Wir verlassen die Ebene, ziehen den Rucksack fester und stapfen los. Hinein in 50 Zentimeter hohen Schnee! Die Worte des Busfahrers hallen noch in unseren Ohren: „Mit ein wenig Schnee müsst ihr wohl rechnen!" Ein wenig? Von Vulkangestein ist nichts mehr zu sehen. Gut, dass ein paar Leute vor uns laufen. Ihre Spuren im Schnee verraten den Weg.

Bis zu den Knien versacken wir im tiefen Weiß. Willkommen in Neuschneeland! Unser Motto, 365 Tage der Sonne nachzureisen, gerät zur Lachnummer. Heute spricht wieder nichts für einen warmen Sonnentag. Wir kämpfen uns hinauf bis zum ersten Vulkankamm. Die Wanderschuhe, die wir für sonnige Regionen gekauft hatten, sind ebenso nass wie die aufgekrempelten Jeans. Spaß macht es trotzdem. Oder gerade deshalb. Die Sonne, die sich am frühen Morgen nur zu winterlichen Temperaturen überreden ließ, scheint zum Vormittag etwas wärmer. Von Wolken keine Spur. Der Blick ins Tal ist atemberaubend. Wir genehmigen uns eine erste kurze Pause und genießen unser zweites Frühstück.

Zum späten Vormittag verschlechtert sich die Sicht. Dunkle Wolken nähern sich, es wird diesig. Der Weg zur nächsten Ebene ist nicht nur äußerst schmal, sondern kaum noch zu erkennen. Und verdammt rutschig. Links und rechts des winzigen Kamms fallen die Hänge tief zu Boden. „Wer rauf geht, muss auch wieder runter", scherzt Jenni. Der Schnee zwischen den Gipfeln ist zu Matsch geworden und macht den Abstieg zur Qual. Falk schließt die Augen und lässt sich treiben. Die Höhenangst macht dem armen Kerl zu schaffen.

Noch ein paar Meter. Wir sind heilfroh, als wir gesund auf der nächsten Ebene ankommen. Wie zur Belohnung reißt plötzlich die Wolkendecke auf und lässt die wärmenden Sonnenstrahlen durch. Der Blick, der sich uns jetzt bietet, lässt die Strapazen von eben vergessen. Die Emerald-Seen liegen vor uns – 1.886 Meter über dem Meeresspiegel –, blaue Wasserlöcher, die dampfend mitten in der Schneelandschaft liegen. Schwefel taucht die Uferzonen in grelles Gelb. Es herrscht absolute Stille. Die meisten Wanderer sind so beeindruckt, dass es ihnen für einige Minuten die Sprache verschlägt.

Die Hälfte des Weges liegt hinter uns. Unsere Socken sind durchnässt, die Füße eiskalt. Es geht weiter bergab. Nach und nach schmilzt der Schnee und gibt den Blick auf die eigentliche Landschaft frei. Dunkles Vulkangestein getupft mit hunderten gelben Blüten. Vor uns in der Ferne liegt der Taupo-See, Neuseelands größter See. Majestätisch füllt er das tiefe Tal mit Wasser. „Ein bisschen sollten wir uns beeilen", drängt Jenni. Um 15 Uhr will uns der Busfahrer vom vereinbarten Treffpunkt abholen. Jetzt ist es 13 Uhr. Ein paar Kilometer liegen noch vor uns. Der Magen grummelt bereits. In unserer Holzhütte wartet ein weihnachtlicher Marzipanstollen, den wir in einem Supermarkt gefunden haben. Wir nehmen die Beine in die Hand, um pünktlich am Treffpunkt anzukommen. Typisch deutsch! Um 15:05 Uhr erreichen wir ausgelaugt den Parkplatz. Der Shuttle-Bus fährt gerade vor. Wir springen in den Bus, sind glücklich über die Verspätung und warten. 15:15 Uhr startet der Bus zurück zur Unterkunft. Typisch Neuseeland!

Allein auf Weltreise

Wir sind auf dem „Forgotten World Highway" unterwegs. Also auf der „Straße der vergessenen Welt". Der Highway 43 ist rund 150 Kilometer lang. Es gibt nur wenige Menschen in der Nähe, keine Tankstelle auf der gesamten Strecke und damit ist es unser nächstes Abenteuer für die kommenden Tage.

In Taumarunui müssen wir unbedingt noch einmal tanken. Taumarunui – wieder so ein unaussprechlicher neuseeländischer Name. Den hätten wir uns nie im Leben merken können, wenn hier nicht einer der furchterregendsten Momente unserer Reise passiert wäre.

„Jenni, du holst Kaffee und bezahlst das Benzin! Ich fahre derweil in die Touristeninfo." Wir verabschieden uns an der letzten Tankstelle vor der Einsamkeit. Ein flüchtiger Kuss auf die Wange. Dann trennen sich unsere Wege. Falk tankt und saust los, um noch ein paar Prospekte über den Highway zu beschaffen. Die netten Damen in der Touristeninformation weisen noch einmal darauf hin, dass wir auf dem „Forgotten World Highway" sehr allein sein werden. Wenn die Pannenhexe zuschlägt, müssen wir am Straßenrand auf Hilfe warten. Handynetze gibt es da draußen nicht. Voller Spannung auf die Tour düst Falk zurück zur Tankstelle, um Jenni samt Kaffee abzuholen. Doch wo ist sie?

Falk sucht zuerst im Tankstellenshop. Nichts. Hier hatte er Jenni das letzte Mal gesehen. Dann inspiziert er das weitere Gelände der

Tankstelle. Die Minuten vergehen. Von Jenni keine Spur. Als sie nach fünf Minuten immer noch nicht am Auto ist, sprintet er in den gegenüberliegenden Supermarkt „New World". Sie ist sicher dort einkaufen. Die Gänge sind eng, die Käufer zahlreich. Falk schlängelt sich durch den Supermarkt. Doch auch hier ist sie unauffindbar. Falk läuft dreimal alle Regale ab. Er schaut die Warteschlangen an der Kasse durch. Doch Jenni bleibt verschwunden. Zehn Minuten sind bereits vergangen.

Wieder zurück an der Tankstelle, fragt Falk den Tankwart. Der grübelt kurz. Dann: „Ja, vor zehn Minuten ist ein Mädel mit kurzen blonden Haaren in einen Minibus eingestiegen", erzählt er. Die Beschreibung passt. Kurze blonde Haare. So viele Mädels mit blonden Haaren gibt es in Neuseeland nicht. Und erst recht nicht mit kurzen. Das muss Jenni gewesen sein. Das Herz pumpt. Adrenalin schießt durch Falks Körper. Jenni ist zu jemandem ins Auto gestiegen? Wieso? Und nun kreisen Geschichten von Vergewaltigung, Mord und Raub im Kopf. Erst vor wenigen Tagen wurde ganz in der Nähe ein holländisches Ehepaar in den Flitterwochen ausgeraubt, die Frau vor den Augen des Mannes vergewaltigt und dann nackt in der Einöde ausgesetzt. Eine Deutsche ist vor wenigen Monaten umgebracht worden. Eine Österreicherin wurde erst kürzlich beim Strandspaziergang von einem Maori vergewaltigt. Und gestern konnte man in den Nachrichten sehen, dass sogar ein junger Mann von einem anderen Mann in einem Baumarkt zum Sex gezwungen wurde. Im Radio hören wir immer wieder Diskussionen zum Thema „Sicherheit in Neuseeland". Die rosarote Urlaubsbrille haben wir in Neuseeland schnell abgenommen. Panik ergreift Falk. Verdammt.

Seit gut 20 Minuten fehlt von Jenni jede Spur. Ihr muss etwas passiert sein. Sie würde nie zu Fremden in ein Auto steigen. Falk steht noch immer dem Tankwart gegenüber und guckt ihn erschrocken an. Wenn sie nun mit Gewalt in diesen Minibus hineingezogen wurde? Falks Gedanken machen ihn panisch: „Ich muss sie suchen. Doch wo fange ich an?" Falk setzt sich ins Auto und gibt

Gas. Keine gute Idee in so einem aufgewühlten Moment. Die Reifen drehen durch und quietschen auf dem Tankstellenparkplatz. „Gib Gas, Junge! Wenn Jenni etwas zugestoßen ist, dann ..." In diesem Moment fühlt man sich am anderen Ende der Welt wie am anderen Ende der Welt. Allein. So richtig allein!

Ohne zu blinken, heizt Falk auf die Straße. Den Blick richtet er kaum auf den Verkehr. Die Fußwege sind wichtig. Doch dann: Von der Touristeninformation kommend, spaziert Jenni gemütlich in Richtung Tankstelle. Wutschnaubend rast Falk an den Straßenrand und zieht sie an einem Arm ins Auto. Dann brüllt er: „Was sollte das?!" Wieso hat sie nicht einfach wie abgesprochen an der Tankstelle gewartet? Funkstille. Jenni versteht die Aufregung nicht. Sie wollte ihm doch nur entgegenlaufen.

Langsam glätten sich die Wogen. Wir beruhigen uns. Auf der Hälfte des Highways schauen wir uns tief in die Augen. Tränen haben sich in die Winkel gesetzt. Eine Entschuldigung, später fallen wir uns wieder in die Arme. Und wie lautet ein altes indisches Sprichwort: „Das Lächeln, das du aussendest, kehrt zu dir zurück." Falk verzeiht Jenni den ungeplanten Ausflug. Jenni vergisst Falks lautstarke Überreaktion.

Die beste Medizin gegen ein wenig Traurigkeit ist ein Lächeln. Das steht uns in dem kleinen Ort Whangamomona am „Forgotten World Highway" ins Gesicht geschrieben. Nicht mehr als 30 Menschen wohnen in dem kleinen Örtchen. Am Ortseingang empfängt uns ein Schild mit der Aufschrift „Willkommen in der Republik Whangamomona". Dann sehen wir ein altes Zollhäuschen am Straßenrand stehen. Heute ist es unbesetzt. Doch einmal im Jahr erwacht die Geisterstadt zu neuem Leben. Dann strömen Massen in die kleine Gemeinde.

Am 1. November 1989 erklärte Whangamomona seine Unabhängigkeit. Der Protest richtete sich gegen die innenpolitische Entscheidung, Whangamomona aus der Region Taranaki auszugliedern. Die Bürger Whangamomonas formierten sich und gründeten eine eigenständige Republik mit einem eigenen Republikgeburtstag. Der wurde zu

Nur einmal im Jahr erwacht dieses Zollhäuschen mitsamt seiner Besatzung zum Leben: am Republikgeburtstag von Whangamomona.

Beginn 2000 touristenwirksam auf Januar verlegt. Im neuseeländischen Sommer kommen mehr Besucher ins „eigene Land". An diesem Tag stempeln die Whangamomonaer im Hotel, dem historischen Ort der Unabhängigkeitserklärung, die Reisepässe. Whangamomona ist dann nur mit Passierscheinen zu betreten. Außerdem gibt es an diesem Tag ein Whangamomona-Sportfest mit Sackhüpfen und Kuhdung-Weitwurf.

Wir können uns das Grinsen nicht verkneifen, als wir am Hotel vorbeifahren. Davor schaukeln zwei Alte in ihren Stühlen. Beide schauen uns so lange hinterher, bis wir die Biegung einschlagen, um weiter auf dem „Forgotten World Highway" zu fahren. Den Namen trägt er zu Recht.

Wir schwingen Axt und Schrubber auf der Südinsel

„Eine Seefahrt, die ist lustig, eine Seefahrt, die ist schön", trällert Falk. Die Fähre, die uns von der Nordinsel zur Südinsel Neuseelands schippert, kracht von einem in den nächsten Wellenberg. „Und wackelig!" fügt Falk seinem Liedchen hinzu. „Ach, das ist doch noch gar nichts heute!", lacht eine ältere Neuseeländerin. Sie sitzt am Nebentisch der Schiffsbar. „Normalerweise neigt sich das Schiff noch viel mehr. Dann wird einem richtig schlecht. Ich mag es nicht, mit der Fähre zu fahren. Aber Fliegen mag ich auch nicht", erzählt sie uns. Das Wasser klatscht weiter gegen die Schiffswände.

Nach drei Stunden erreichen wir das Festland. In Picton, einer kleinen Stadt im Norden der Südinsel, legen wir an. Wir schlendern leicht schwankend das kleine Zentrum des Ortes einmal rauf und runter. Viel Zeit zum Erkunden bleibt uns nicht. In zwei Tagen müssen wir in Methven sein – zum Arbeiten.

Methven – das 1.000-Seelen-Örtchen am Rande des Mount Hutt liegt 70 Kilometer von der Großstadt Christchurch entfernt. Im neuseeländischen Winter strömen die Touristen in das Dorf. Das nahe gelegene Skigebiet lockt die Schneefans. Jetzt im Sommer herrscht hier tote Hose. Ein paar Gäste verirren sich dennoch in den niedlichen Ort. Und da kommen wir ins Spiel. Im „Kowhai House", einer Jugendherberge, werden wir zwei Monate lang arbeiten und wohnen. Im Internet sind wir auf das Jobangebot von Cathie und Myles, den Besitzern der Herberge, gestoßen. Ein paar E-Mails gingen hin und her und schon hatten wir den Job. Also kein Kiwi-Pflücken wie ursprünglich geplant. Dafür jeden Tag vier Stunden putzen, Gäste betreuen, Holz hacken, Zäune streichen. Im Gegenzug sind Kost und Logis frei. Ein fairer Deal!

„Hallo und herzlich willkommen im Kowhai House", begrüßt uns Cathie freundlich. Der erste Weg führt in unser Zimmer. „Ich gebe euch diesen Raum, weil ihr hier ein Doppelbett habt, einen Fernseher und einen eigenen Internetanschluss", erklärt sie uns. Unsere Augen leuchten! Wir wollen während unserer Zeit hier auch den journalistischen Arbeiten für Deutschland nachgehen. Da kommt uns das Internet gerade recht. „Ein Gästetelefon gibt es auch. Da könnt ihr euch immer anrufen lassen. Und die Nutzung der Waschmaschine ist ebenfalls kostenlos. Für euch auch noch das Waschpulver", erzählt Cathie weiter. Mittlerweile sind wir in der geräumigen Gemeinschaftsküche angekommen. Endlich mal wieder in Ruhe kochen! „Und was ist das dort auf dem Hof?", fragt Falk zum Abschluss der Tour. „Oh, das hätte ich beinahe vergessen. Das ist unser Whirlpool. Den können alle Gäste kostenlos benutzen. Ihr natürlich auch", schmunzelt Cathie. Wir sind begeistert. „Morgen früh zeige ich euch, was ihr alles machen müsst. Jetzt kommt erst einmal an", lacht Cathie und verabschiedet sich. „Wir wohnen übrigens in dem Haus am anderen Ende des Gartens. Heute Abend machen wir ein Barbecue. Ihr könnt gern vorbeikommen", lädt sie uns noch ein. Ein paar Stunden später sitzen wir in ihrem Garten – zusammen mit ihrem Mann Myles und den beiden Kindern Aroha und Edward. Wir grillen Steaks und lassen uns Cathies selbstgemachten Krebssalat schmecken. So möchte man am liebsten überall begrüßt werden. Am nächsten Morgen zeigt uns Cathie, wie wir die Betten machen müssen. Eine Kunst für sich! Erst das Bettlaken, dann ein zweites zum Zudecken oben drauf, danach eine Wolldecke und ein Federbett. Ach ja, und die Tagesdecke nicht vergessen! Alles muss hübsch umgeschlagen und die Enden unter die Matratze geklemmt werden. Übrigens werden nur die zwei Bettlaken und die Kopfkissenbezüge nach jedem Gast gewechselt. Der Rest wird vielleicht einmal im Monat gewaschen. Nach einer Stunde wissen wir, wo wir alles Wichtige finden und auch, wo die Putzutensilien versteckt sind. Wenn ein Gast ankommt, führen wir ihn durch das Haus, zeigen ihm, wo er sein Frühstück findet – das ist ebenfalls im Preis enthalten – und überreichen ihm ein flauschiges Handtuch, drapiert mit einem Minzbonbon. Unsere Kowhai-House-Touren bieten wir in Englisch, Deutsch und Spanisch an. Nur mit den zwei anreisenden Japanern können wir uns noch nicht in deren Landessprache verständigen. Die Aufgaben sind schnell verteilt. Falk übernimmt täglich die Betten und hackt das Holz für die kommende Wintersaison, Jenni schrubbt Küche und Toiletten. Die Nachmittage haben wir für uns und unsere Schreibarbeiten. Am Abend entspannen wir vor dem Fernseher. Nach acht Monaten auf Reisen tut die Pause in Methven wahnsinnig gut. Zwei Monate lang an einem Ort. Herrlich!

Die ewige Streiterei

Seit mehreren Wochen arbeiten wir im Kowhai House in Methven auf der Südinsel Neuseelands. Am anderen Ende der Welt. Wir putzen Fenster, streichen Zäune und genießen die Ruhe des kleinen

Ortes. Gäste hatten wir kaum. Insgesamt zwanzig, diese aber mit ganz besonderen Eigenschaften: angelwütige Finnen, verschlossene Deutsche, patriotische US-Amerikaner. Alles nur Klischees? Nein! Wir begegnen in diesen Wochen Touristen aus aller Welt. Jeder Gast hat zwar seinen eigenen Charakter. Aber die unterschiedliche Erziehung zu länderspezifischen Tugenden ist unübersehbar. Von den Deutschen aus Gladbeck ist kaum etwas zu hören. Sie verschanzen sich in ihrem Zimmerchen – wollen für sich sein. Mit den US-Amerikanern streiten wir wenig konstruktiv über die Politik ihrer Präsidenten. Und aus den Finnen ist nichts herauszubekommen. Sie sitzen nur in der Ecke, schauen Fernsehen und sind lieb und friedlich. Mit Kathrine, einer Neuseeländerin auf Durchreise, reden wir über die ewige Streiterei im Land. Welche Insel ist schöner – die Nordinsel oder die Südinsel? Sie meint, der südliche Teil. Bisher haben wir von der Südinsel nur wenig gesehen. Da uns langsam wieder das Reisefieber packt und sowieso kaum Gäste in der Herberge sind, planen wir einen Kurztrip in den Westen und Süden der Insel. Zur Meinungsbildung.

„Ihr könnt unseren Van haben, wenn ihr wollt", bietet Myles, unser Chef, spontan an. „Dann müsst ihr euch kein Auto mieten", fügt er an und packt im nächsten Moment auch schon eine Matratze in den Wagen. „Ihr könnt super in dem Auto schlafen." Wow! Da sagen wir doch nicht nein. Das ist neuseeländische Gastfreundlichkeit. In Sachen Spontaneität und Freundlichkeit sind uns die Neuseeländer wohl um mehrere Nasenlängen voraus!

Wir schmeißen ein paar Klamotten und Lebensmittel in den Van, verabschieden uns von unserer Neuseelandfamilie und brechen auf. Vorbei an türkis schimmernden Flüssen und mächtigen Bergen. Der bekannteste unter ihnen und mit 3.754 Metern der König der Südlichen Alpen ist der Mount Cook. Benannt wurde er nach dem britischen Seefahrer James Cook. Cook kartographierte Neuseeland gründlich, erkundete die Flora und Fauna des Landes und sammelte Informationen zu den Ureinwohnern, den Maori. Ganz in der Nähe des Berges lockt der Tekapo-See Touristenschwärme an. Es scheint, als hätte jemand einen Pinsel mit Malfarbe ins Wasser getaucht. Erst blau, dann weiß. So schimmert der See nämlich: milchig-blau. Im Zentrum der Südinsel gibt es noch etliche Seen, die mit ihrer scheinbar unnatürlichen, aber spektakulären Farbe einen satten Farbtupfer in die Landschaft setzen. An der Westküste gesellen sich dichter, saftig-grüner Regenwald und skurrile Felsformationen hinzu. Den ewigen Streit zwischen den Neuseeländern der Nord- und der Südinsel können wir gut nachvollziehen. Beide Landesteile haben ihre besonderen Reize. Aktive Wanderfreunde und Bergliebhaber werden den Süden lieben. Fotografen schwärmen von den geologischen Farbspielen der Nordinsel.

Wir entscheiden uns zu Gunsten der Südinsel, denn hier versteckt sich ein weiterer Schatz Neuseelands: die Fjorde. Den Milford Sound, den bekanntesten Fjord des Landes, bezeichnete der Schriftsteller Rudyard Kipling als achtes Weltwunder. Aber wie jedes andere Weltwunder, zieht der Milford Sound natürlich Scharen von Besuchern an. Der Tourismus boomt. Deshalb verschlägt es uns zum größeren, aber weniger berühmten Doubtful Sound.

Falk fischt frische Fjordfische im Doubtful Sound

Mit einem kleinen Schiff wollen wir durch die atemberaubende Fjordlandschaft steuern. Passend zu Jennis Geburtstag hat Falk eine Zwei-Tages-Tour vom 1. zum 2. März reserviert. Dann können wir auf dem Wasser reinfeiern. Aber vorher haben wir noch zwei Tage Zeit, um die anderen Perlen der Südinsel zu finden. Wir fahren die Küste ab, machen Halt am südlichsten Punkt Neuseelands, dem Slope-Point, und erkunden Höhlen, Wälder und die raue See in der Gegend. Bevor es am nächsten Morgen gemütlich in Richtung Manapouri geht – in dem Örtchen legt am Freitag unser Boot ab – übernachten wir auf einem Rastplatz mitten am Highway. Dementsprechend früh wachen wir auf. Die vorbeirasenden Brummis hupen freundlich. 7 Uhr zeigt der Autowecker. Jenni sitzt am Steuer und wir fahren wieder gen Westen. Der Moderator im Radio begrüßt uns mit einem fröhlichen „Guten Morgen" und beginnt die Geburtstagskinder des 1. März zu verlesen. Ups!

Wir schauen uns an. „Wieso denn 1. März? Heute ist doch erst Donnerstag, der 28. Februar. Wenn heute der 1. März wäre, müssten wir in einer Stunde in Manapouri sein … das ist noch 200 Kilometer entfernt", sagt Jenni halb im Ernst, halb im Scherz. „Nee, heute ist erst der 28. Februar. Wir haben doch die Tour für Freitag auf Samstag gebucht", gibt sich Falk sicher. „Wo ist das Handy? Ich schau nach."

„1. März" blinkt die Datumsanzeige. Ein Anruf bei der Touranbieterin bestätigt unsere schlimmsten Befürchtungen: Wir hatten die Tour für den 1. März gebucht. Der war unserer Ansicht nach am Freitag. In der Realität ist er dummerweise am Donnerstag – also heute. Unser Boot legt in einer knappen Stunde ab …

Ein Katzensprung zum Südpol: 4.803 Kilometer. Die subantarktischen Inseln liegen uns bereits zu Füßen. Der Reiz ist groß, doch der Geldbeutel für eine Tour dorthin zu klein.

„Gib Gas! Und fahr, so schnell du kannst!" Falks Hand fuchtelt mehrmals nervös in Richtung Fahrbahn. Er telefoniert mit Diane, der Touranbieterin unserer Fjord-Bootstour. Jenni drückt aufs Gaspedal. Die Tachonadel schnellt nach oben. Autobahnen gibt es hier nicht, die Straßen sind oft löchrig und die erlaubte Höchstgeschwindigkeit liegt bei 100 km/h. All das ignoriert Jenni für eine Weile. Was bleibt uns übrig? Das Boot wartet nicht auf uns. Die Tachonadel hat mittlerweile die 140-km/h-Marke überschritten. Eine halbe Stunde kann Falk beim Telefonat mit Diane herausschlagen. Das könnten wir schaffen. So aufgeregt wie wir sind, haben wir dummerweise die Benzinanzeige aus den Augen gelassen. Die Nadel der Anzeige senkt sich gen null. Die nächste Tankstelle ist einen Umweg von 30 Kilometer entfernt. Den müssen wir in Kauf nehmen, um überhaupt weiterfahren zu können. Aber damit können wir unsere Bootstour definitiv vergessen. „Ich muss euch die Kosten trotzdem komplett berechnen. Tut mir leid!", erklärt Diane am Telefon. Sch… Keine Fjordtour und das Geld ist auch noch weg! Mit hängenden Köpfen und dem letzten Tropfen Benzin erreichen wir die Tankstelle. Doch so richtig wollen wir uns nicht geschlagen geben und fahren nach Manapouri. Gut zwei Stunden nach der Abfahrt des Bootes sind wir am Hafen. Am Steg treffen wir auf Diane. Wir überlegen, ob es einen Weg gibt, die Tour doch noch durchführen zu können. „Ihr könntet euch hinterherbringen lassen. Chris, der Kapitän, macht immer erst einen Abstecher in einen Seitenarm des Fjords. Er könnte noch einmal zurückkommen und euch abholen", meint Diane. Nun müssen wir also jemanden finden, der uns zum Fjord bringt. Philipp, der die Touristen mit dem Boot über den See schippert, kommt gerade am Steg an. Wir verhandeln kurz mit ihm – dann schlagen wir ein und sind eine Unmenge Geld los.

Die Aufholjagd beginnt. Mit dem Boot schneiden wir das Wasser, brechen die Wellen. Im Jeep sausen wir die verstaubten Wege entlang. Am Ende landen wir am Steg, doch das erwartete Boot ist nicht da. Hat uns der Kapitän vergessen? Waren alle Mühen umsonst?

Aus der Ferne Motorenrauschen. Eine kleine Yacht nähert sich. „Das sind sie", lockert Philipp die angespannte Situation. Geschafft! Auf dem Boot werden wir von Chris, dem Kapitän, und vier anderen Passagieren – zwei älteren Ehepaaren aus den USA – nett empfangen. Das Hummer-Mittagessen wartet noch auf uns. Jetzt können wir durchatmen. Wir fahren los in die ruhigen Gewässer des Fjords. Hummerkauend sitzen wir am Bootstisch und staunen über die riesigen Wasserfälle. Einige, wie die Browne Falls, schaffen es auf eine Fallhöhe von über 800 Metern.

Am frühen Nachmittag stoppt Chris das Boot. „Den Hummer zum Mittag habe ich gefangen. Jetzt fangt ihr unser Abendessen!", grinst er und drückt jedem eine Angel in die Hand. Uns muss Chris zeigen, wie man mit einer Angel umgeht, denn wir sind blutige Anfänger. Doch wir haben Anfängerglück: Während die erfahrenen Angler aus den USA keinen Fisch an den Haken bekommen, fängt Falk innerhalb einer Viertelstunde acht Stück. Der größte Barsch kommt zunächst in die Kühltruhe, später am Abend wird er in den Kochtopf wandern. Die Angeln werden eingeholt und wir brechen auf zu weiteren Abenteuern im dunklen Wasser. Wir steuern vorbei an Albatrossen, Pinguinen und Robben. Doch damit Jennis größter Geburtstagswunsch im Doubtful Sound in Erfüllung geht, müssen sich noch ganz besondere Tiere blicken lassen.

Kurz bevor es dunkel wird, taucht eine Fluke aus dem Wasser. Dann eine weitere. Und noch eine. Jennis Traum wird Wirklichkeit. Endlich sieht sie Delfine in freier Wildbahn. Ungefähr 60 große Tümmler leben dauerhaft im Doubtful Sound. 30 davon wagen sich nun an die Wasseroberfläche. Bis auf wenige Meter schwimmen die neugierigen Säuger an das Boot heran. Und dann beginnt Chris ein Spiel, das uns ein Leben lang in Erinnerung bleiben wird: Der Kapitän gibt Gas. Das Boot nimmt volle Fahrt auf. Die Delfine tauchen ab. Doch sie sind nicht lange verschwunden. Plötzlich tauchen die flinken Tiere unter unserem Boot am Bug auf. Chris steuert in eine andere Richtung. Nun springen sie hinter dem Boot her, vollführen Stunts und drehen Pirouetten. Und sie schnattern. Zehn Minuten lang folgen sie uns. Doch als Chris die Geschwindigkeit drosselt und das Boot langsamer wird, drehen die Delfine ab. Zum Abschied winkt einer mit seiner Schwanzflosse. Während wir Bootsreisenden der Gruppe noch hinterherschauen, zaubert Chris bereits das Abendessen. Eine Stunde später stehen gedünsteter Barsch, frischer Wildbraten, dampfende Kartoffeln, Salat und Brot auf dem gedeckten Kajütentisch. Wir dürfen Platz nehmen und genießen. Der Abend wird für uns alle nicht lang. Wir schaffen es nicht, unsere Augen bis Mitternacht und damit bis zu Jennis Geburtstag offen zu halten. Nach dem Stress von heute Morgen fallen wir todmüde in die Koje.

Als die aufgehende Sonne in der Nase kitzelt, werden wir wach. Draußen zwitschern bereits die Vögel und auch Falk trällert ein Lied – ein Geburtstagsständchen für Jenni. „Weil heute dein Geburtstag ist, da hab ich mir gedacht, ich singe dir ein schönes Lied, weil dir das Freude macht." Es soll der einzige Geburtstagsgruß an diesem Tag bleiben, denn das Handy ist leer. Das Ladegerät liegt in der Herberge in Methven.

Der Trip durch den Fjord ist ein wundervolles Geschenk und ein gelungener Abschluss unserer Tour durch Neuseeland. Das Land am anderen Ende der Welt hat uns gefallen, aber nicht so sehr beeindruckt wie beispielsweise Argentinien. Ein Belgier, den wir im Kowhai House getroffen haben, hat seinen Neuseeland-Eindruck perfekt zusammengefasst: „Ein schönes Land mit toller Natur. Aber es gibt hier nichts, das man nicht auch in Europa findet!"

Sie sind unter uns, über uns, links und rechts neben uns. Delfine schwimmen und springen im Doubtful Sound wie auf Kommando um unser Boot herum.

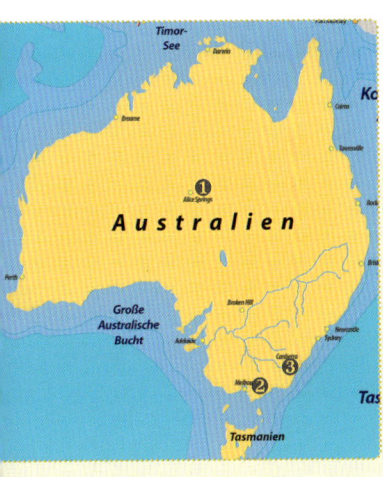

Australien

Größe: 7,7 Mio. km² ➡ 22 x Größe Deutschlands
Einwohner: 21 Mio.
Hauptstadt: Canberra
Währung: 1 Australischer Dollar = 100 Cents
Preisniveau: hoch
Zeit: MEZ +7 h bis +10 h
Ländervorwahl: +612

Die Highlights

❶ **Red Center:** Bezwinge den Stuart Highway und mach ausreichend Pausen auf 3.000 Kilometern rotem NICHTS.

❷ **Great Ocean Road:** Halt dich fest beim Anblick der steilen Kalksteinküste und der erodierten Felsen im türkisfarbenen Meer.

❸ **Canberra:** Stell die Uhr zurück und begegne im War Memorial der deutschen Weltkriegsgeschichte.

Typisch Australien!

Kängurus, Koalas und … Kamele: 80 % aller Tierarten auf diesem Kontinent sind nur hier zu finden. Kamele sind zwar nicht nur in Australien heimisch, aber nirgendwo auf der Welt gibt es eine größere freilebende Population.

Botschaft

Ort: Canberra • **Adresse:** 119 Empire Circuit • **Telefon:** (+6 12) 62 70 19 11 • **E-Mail:** info1@germanembassy.org.au

☛ Gut zu wissen

Denk daran, Schmutz und Erde von deiner Trekking-Ausrüstung und deinem Zelt zu entfernen, bevor du nach Australien einreist. Das wird nämlich strengstens überwacht und ist der Dreck noch frisch, werden die Sachen unter Umständen konfisziert.

Mit einem Cowboy durchs australische Top End

Das Kofferband dreht gemütlich seine Runden. Hier und da sitzen wartende Flugpassagiere. Manche starren in die Gegend, andere sind in ihre Bücher vertieft. Die meisten sind eingenickt. Es ist Nacht. Als das Kofferband zum fünften Mal an uns vorbeiruckelt, können wir die Rucksäcke schnappen. Wir schälen sie aus den obligatorischen Plastiksäcken, in die wir sie bei jedem Flug stopfen, und schultern die 20 Kilogramm schweren Teile. Über die surrende Rolltreppe geht es hinab in die untere Halle des Flughafens. Endlich sind wir im warmen Australien angekommen, in Darwin, der Hauptstadt des Top Ends ganz im Norden des Kontinents.

Wie ein Hammer schlägt sie uns entgegen: die brütende, australische Hitze. 30 °C mitten in der Nacht. Der kurze Blick raus aus der Flughafenhalle reicht. Schnell sind wir wieder im klimatisierten Flughafengebäude. Es ist kurz vor zwei Uhr morgens. Ein Hotel wollen wir nicht mehr nehmen. Wir sind müde. Kurzerhand richten wir ein Nachtlager auf dem Boden der Eingangshalle ein. Nicht bequem, aber kostenlos. Einer schläft, der andere bewacht das Gepäck. Wir sind nur zwei von vielen, die sich kurzfristig auf dem Darwin Airport eingerichtet haben.

Um sechs Uhr rappeln wir uns auf. Draußen vor der Flughafenhalle spielt sich etwas Wunderschönes ab. Die Sonne hat den Horizont noch nicht berührt. Aber sie wirft ihre Strahlen voraus. Der ganze Himmel glänzt prächtig in den schillerndsten Farben. Erst glutrot, dann pink und später goldgelb. Jennis Kamera klickt unzählige Male. Kein Wunder, dass die meisten Sonnenunter- und -aufgänge in Australien fotografiert werden. Der australische Himmel in den Morgen- und Abendstunden ist wohl der schönste der Welt.

Wir warten auf den Acht-Uhr-Shuttle-Bus, der uns in die Stadt bringen soll. Doch der kommt nicht. Der Informationsschalter ist unbesetzt, das Café geschlossen. Fragen können wir niemanden. Wir warten. Hunger überkommt uns – wir sind immerhin seit 18 Stunden unterwegs und haben das letzte Mal gestern am frühen Abend etwas gegessen. Wir entlocken dem Snack-Automaten eine Tüte

Erdnüsse. Und dann warten wir wieder. Zusammen mit anderen Touristen. Wir könnten alle ein Taxi nehmen. Doch das ist teuer. Wir warten also. Stunden. Mittlerweile ist es zehn Uhr.

Um elf Uhr fährt endlich der Bus vor. „Es tut mir leid, aber wir hatten einen Notfall. Deswegen konnte jetzt erst ein Bus zum Flughafen kommen", erklärt uns der bärtige, sehr freundliche Busfahrer. Schon okay – man wird relaxter, wenn man auf Reisen ist.

Im kleinen Zentrum von Darwin organisieren wir uns ein reichliches Frühstück. Omelette und Obstsalat bauen uns wieder auf. Entspannt und satt bummeln wir durch die Stadt. In Darwin gibt es nicht viel zu erkunden. Ein paar Geschäfte, hier und da ein Restaurant. Ein paar Weltkriegsdenkmäler und Ruinen. Und viele dunkle Gestalten: Aborigines.

Die Ureinwohner Australiens hatten wir uns anders vorgestellt. Viele Aborigines wandern hier in Darwin barfuß durch die Straßen. Die Kleidung hängt an ihnen herunter. So etwas haben wir in keinem der ärmsten Länder Amerikas erlebt. Die Aborigines blicken ernst. Weiße Australier machen einen großen Bogen um sie. Auch wegen des strengen Geruchs, der von vielen Aborigines herüberdrängt. Was ist denn hier bloß los? Auf diese Frage suchen wir eine Antwort – möglichst schnell.

Fünf Wochen Entdeckungsreise in Australien! Ein kleiner Minibus, der mit Spanplatten und Matratzen zu einem Camper für Sparsame umgebaut wurde, soll uns durchs Land führen. Ein kleines Waschbecken, Geschirr und ein Gaskocher sind an Bord. Nichts Luxuriöses, aber alles, was man zum Campen braucht. Jeder Wagen der Firma trägt den unverkennbaren Schriftzug „Wicked" – was ins Deutsche übersetzt so viel wie „Abgefahren" bedeutet – und einen individuellen Spruch auf der Heckklappe. Auf unserem „Deluxe Cowboy Camper" steht in großen Buchstaben „Save a horse, ride a cowboy!" – „Schone ein Pferd und reit 'nen Cowboy!"

„Ihr hättet eigentlich einen Camper ohne Klimaanlage bekommen", tönt der Verleiher, der uns die Wagenschlüssel in die Hand drückt. Doch das für uns bestimmte Auto ist nicht verfügbar. Es steckt samt

In einem Billigcamper genießen wir die endlose Freiheit des riesigen Kontinents. Günstiger und unabhängiger kommt man kaum durch Australien.

seiner Mieter irgendwo im Kakadu-Nationalpark fest. Unserem geplanten Ziel. Die Mieter hatten sich mit dem Wagen nachts in ein ausgetrocknetes Flussbett gestellt. Dann begann es zu regnen und das Flussbett wurde zum reißenden Strom. Das Auto wurde mitgerissen. Na ja, fast. „Sie leben, das Auto lebt auch noch", sagt der Vermieter erleichtert. Irgendwie haben sie es geschafft, den Wagen aus dem Wasser zu manövrieren. Aber nun stecken sie doch fest. Zwischen einem reißenden Strom und einem ausufernden See. „Take care!" – „Seid vorsichtig!", warnt uns der Autovermieter eindringlich. Wir hieven uns ins Wageninnere und düsen auf den Highway. Den Kakadu-Nationalpark müssen wir wohl von der Liste unserer Wunschziele streichen.

„Überflutet und unpassierbar!" Das Warnschild hängt im Spätsommer an vielen Nationalparks im Norden Australiens. Der Monsun hat Bäche in reißende Flüsse verwandelt. Krokodil-Warnungen lau-

fen im Radio. Die Crocs, wie sie in Australien genannt werden, verlassen nun ihre angestammten Becken und kommen teilweise bis in die Stadt. Darwin verwandelt sich in diesen Tagen in eine Halbinsel, mit dem Festland nur noch verbunden durch den Stuart Highway, der in ein anderes Extrem führt: ins trockene heiße Outback.
Unser Cowboy reitet über die endlosen Straßen Australiens gen Süden. Die Vegetation – am Anfang noch grün und üppig – nimmt mit jedem Kilometer ab. Die überfluteten Ebenen werden trockener, die Luft auch. Die Anzeige des Thermometers klettert der 40-°C-Marke entgegen. Die Klimaanlage im Minibus läuft auf Hochtouren. Die Mitte und der Süden Australiens leiden unter einer Jahrhunderthitze und schlimmer Trockenheit. Irgendwann ist es so trocken, dass kaum noch ein Baum zu sehen ist. Dafür liegen immer mehr tote Tiere am Straßenrand. Verdurstet oder von Roadtrains totgefahren. Die über 30 Meter langen LKWs überrollen gnadenlos Kühe und Kängurus, die nachts die Straße passieren wollen. Die Nadel der Motorwärme-Anzeige unseres Cowboys vibriert gefährlich in Richtung des roten Bereichs. Wir hoffen, das Auto hält die Strapazen der Fahrt durch. Die Hitze, die Trockenheit, die rote staubige Erde im Getriebe. Unsere Strecke durchs Outback ist 3.000 Kilometer lang!

Das tote Herz lebt

Roter Sand, so weit das Auge reicht. Hier und da ein trockenes Bäumchen und Spinifex-Gras. Die Pflanze überwuchert ein Viertel des Kontinents. Im Radio nur Rauschen. Jenni erwacht aus ihrer Outback-Beifahrer-Starre und dreht am Radioknopf. Nachrichten kratzen über Mittelwelle aus den Lautsprechern. Der Empfang ist nicht besonders gut hier draußen.
Eine Fahrt durchs australische Outback ist anstrengend. Hunderte Kilometer auf schnurgerader Straße durch die Wüste – da kommt schnell Langeweile auf. Wir sind froh, unseren Camper alle 400 Kilometer nachtanken zu müssen. Zeit, um sich kurz die Beine zu ver-

treten. Am Abend schlafen wir in kleinen Camps am Straßenrand, Oasen in der menschenfeindlichen Natur. Wir parken unser Auto unter einem Baum. Der spendet seltenen Schatten. Ein Vorzug, der auch andere Lebewesen begeistert.

Pieks. „Aua, was war das denn?", fragt Falk mitten in der Nacht. „Aua", noch einmal. Wir flüchten aus unserem Schlafgemach im Camper. Die Müdigkeit ist mit einem Male passé, als wir hunderte, ach, tausende Termiten durch den Cowboy flitzen sehen. „Woher kommen die Viecher?", schreit Falk. Eine kurze Inspektion später wissen wir es. Wir hätten nicht unter einem australischen Baum campen sollen. Und schon gar nicht, wenn ein Zweig direkt auf dem Autodach aufliegt. Nun tummeln sich die Termiten im ganzen Gefährt. In der Butter und der Milch. Sie bevölkern das Lenkrad, den Motorraum, unsere Klamotten. Kurzum: Sie sind überall! Termiten sind die heimlichen Herrscher des australischen Kontinents. Nur mit schwersten chemischen Waffen, viel Geduld und Arbeit kann der Mensch die kleinen Teufel besiegen. Handfeger und Kehrblech sind unsere Waffen. Die ersten Termiten fegt Falk aus dem Wageninnern. Die nächsten werfen wir mit den angefressenen Lebensmitteln fort. Doch mit der Zeit merken wir: Es ist ein Kampf gegen Windmühlen. Sie strömen aus allen Ritzen des Campers nach. „Wir müssen fahren! Das wird die Viecher vertreiben", glaubt Falk. Der Cowboy saust in die Nacht hinein.

Nach ein paar Tagen Fahrt durch Hitze und Wüstenlandschaft sind wir die Termiten los. Ein Teil muss am Motorblock verbrannt worden sein, ein anderer flog mit dem Fahrtwind davon. Auch, wenn immer noch einige den Weg zu unseren Lebensmitteln finden, das Gros an Ungeziefer sind wir los. In Alice Springs, dem größten Ort im Outback, befreit uns ein Autovermieter von der restlichen Plage. Er lacht über uns Greenhorns. „Unter einem Baum campen. So was machen nur Touristen!"

Alice Springs – 40.000 Einwohner und jede Menge Touristen versammeln sich mitten in der Wüste. Von hieraus starten die Touren zum berühmtesten Felsen der Welt. Der Ayers Rock liegt 500 Kilometer westlich von Alice Springs. Für uns ein Katzensprung. Diese Entfernung legen wir jeden Tag zurück. Trotzdem entscheiden wir, zwei Tage Fahrtpause in der Oase einzulegen. Zeit, um mehr vom Leben in der Einöde mitzubekommen.

Etwa vom Schulleben. Um jedem Kind – auch im tiefsten Outback – eine Schulbildung zu garantieren, hat man sich eine ganz beson-dere Unterrichtsform einfallen lassen. In der „School of the Air" beobachten wir Lehrer, die die Kinder im Outback per Internet und Funk unterrichten. Bis zu 1.000 Kilometer werden so überbrückt. Viele Familien wohnen hunderte Kilometer vom nächsten Ort ent-fernt auf einer Farm oder in einer der zahlreichen Raststätten. Gera-de werden die Vierjährigen unterrichtet. Die Lehrerin legt Dreiecke und Quadrate in einer bestimmten Reihenfolge auf ein Blatt Papier. Das Bild wird per Internet an die Computer der Kinder übermit-telt. Sie müssen die Reihe fortsetzen. „Kevin, welcher Stein kommt jetzt?", fragt die Lehrerin per Funk. „Das Dreieck, Miss Huber!",

....

Am Stuart Highway ist die Hölle los: Die Kugeln des Teufels
ruhen im heißen Outbacksand.

quäkt eine Kinderstimme am anderen Ende. „Sehr gut, Kevin!", lobt Miss Huber ihren Schützling, von dem sie nur die Stimme und ein Foto kennt. Jedes Kind wird täglich eine Stunde über Funk unterrichtet. Die Hausaufgaben für weitere fünf Stunden folgen per E-Mail. Kein wirkliches Paradies für Schüler. Kinder haben ein schweres Leben im Outback. Einfach mal auf einer Wiese Fußball spielen, das geht nicht. Giftige Schlangen lauern im hohen Gras. Nadja, die Berlinerin, die wir in Südamerika kennengelernt haben, wuchs in Australien auf. Sie sagt, dass sie immer noch Respekt zeigt, wenn sie über eine Grasfläche läuft. „Und auch Spinnen sollte man im Auge behalten!", rät sie. Ein guter Tipp. Achtung: Auf den Toiletten im Outback schwebt man teilweise in Lebensgefahr. Wenn man Pech hat. Die Hitze schlägt Falk auf den Magen. Er sitzt auf dem stillen Örtchen. Aber nicht allein. Die gefährliche „Redback Spider" hat sich mit ihm auf die Toilette gewagt. Die Rotrückenspinne sitzt ihm gerade gegenüber, keinen Meter entfernt. Sie bewegt sich kaum. Falk erkennt ihren markanten roten Strich auf dem massigen runden Hinterteil. Am liebsten würde er wegrennen, doch er kann nicht. Mit dem Toilettenpapier in der Hand sitzt er wie angewurzelt da. Die gefährliche Spinne hält den australischen Rekord in der Zahl der gebissenen Menschen. Mehr als 250 Personen erhalten jedes Jahr das lebensrettende Antiserum. Ohne das Serum … diesen Gedanken will Falk nicht zu Ende denken. So schnell wie möglich runter vom Örtchen. So ruhig es geht, beendet er das Geschäft. Ein Leben im „Dead Heart", im toten Herzen von Australien, ist wahrlich kein Zuckerschlecken.

Die Magie der Steine

„Kamele", flüstert Falk. „Dromedare", präzisiert Jenni. Am Horizont stehen die Wüstentiere beladen mit Touristen. Dromedare in Australien? Davon haben wir noch nie etwas gehört. Umso erstaunter macht uns dann deren Zahl: 700.000. Gemeinsam mit ihren Passagieren auf dem Rücken schauen die Dromedare in die Ferne auf einen besonderen Felsen. Genau wie wir. Kurz vor Sonnenuntergang haben wir den Ayers Rock erreicht. Die beste Zeit, um den Stein in seiner vollen Pracht zu bewundern.

Der Himmel brennt. Ein gelber, ein rosa, später ein roter Faden durchzieht das Hellblau des späten Tages. Dann viele Streifen. Mit der untergehenden Sonne wandelt sich das heilige Land der Abori-

Yulara ist eine künstliche Oase mitten im toten Herzen des Kontinents. Mit Golfplatz, Swimmingpools, Hotels und Restaurants.

gines. Und mit ihm auch der magische Berg, den die Ureinwohner Uluru nennen. Ein grell leuchtendes Orange senkt sich über das unspektakuläre Hellbraun des Steins herab. Je tiefer die Sonne steht, desto intensiver leuchtet der rote Farbton am Berg. Beim letzten Sonnenstrahl glüht Uluru. Tiefrot liegt der massige Felsen da und entlockt den Touristen Jubelrufe. Wir sitzen auf unserem Camper und genießen den Ausblick vom Dach. Bis die Welt um Uluru in Dunkelheit versinkt.

Am nächsten Morgen: 85 Kilometer Rückweg zum Stuart Highway. Die Tanknadel kratzt am roten Bereich der Anzeige. Noch flackert das Lämpchen im Armaturenbrett nicht auf. Wir wollen mit unserem fast leeren Benzintank die nächste große Tankstelle ansteuern. Da wird Sprit günstiger. An den Zapfsäulen in der Ferienhochburg

Jenni empfiehlt

Folge nicht jedem Schild, das auf eine touristische Attraktion hinweist. Sonst landest du womöglich in einem Atomkraftwerk, an einer glänzenden Riesengitarre oder einem Monster-Koala. Australien versteht es, die Leute auch in die unattraktivsten Ecken des Landes zu locken.

GIANT KOALA
Tourist complex

GIANT
KOALA
Complex

Yulara, direkt neben dem Ayers Rock, ist Benzin nämlich sehr teuer. Die Klimaanlage haben wir vorsorglich ausgeschaltet. Die würde einen Liter Benzin auf 100 Kilometer fressen. Und auch die Fensterscheiben bleiben zu. Denn jeder Sparfuchs weiß, dass der Fahrtwind den Benzinverbrauch um bis zu zehn Prozent erhöht. Wir fahren genau 80 km/h, benzinschluckende Überholmanöver bleiben aus. Aber es ist ja sowieso kaum jemand auf der Straße, den wir überholen könnten. Wir schauen aufs Handy – kein Netzempfang. Sollten wir hier liegen bleiben, könnten wir nur noch hoffen, von einem netten Australier abgeschleppt zu werden. Andernfalls würden wir in der Hitze des australischen Outbacks gegrillt.

Der Schweiß rinnt. Diesmal gesellt sich fürchterlicher Angstschweiß hinzu. Die Tanknadel ist soeben in den roten Bereich gerutscht. Das Lämpchen leuchtet orange auf. Wir haben also noch Sprit für rund 50 Kilometer. Bis zur Tankstelle sind es aber 60 Kilometer! Wir schleppen den Cowboy über den Highway. Immer tiefer sinkt die Nadel. Plötzlich holpert das Auto. Erst im zweiten Augenblick erkennen wir, dass wir die Überreste eines Kängurus überrollt haben. Mit dem letzten Tropfen Benzin im Tank schaffen wir den Ritt bis zur rettenden Tankstelle. Der Liter kostet jetzt 40 Cent weniger. Dieser gewagte Ausritt hat sich – im wahrsten Sinne des Wortes – bezahlt gemacht.

Nicht ganz ungefährliche Wagnisse in der roten Wüste – Teil 2: Die 3.000 Einwohner von Coober Pedy sind allesamt verrückte Abenteurer. Sie haben sich von der Magie eines glitzernden Steins einfangen lassen: des Opals, eines besonders wertvollen und bunt schimmernden Schmucksteins. Seitdem ein kleiner Junge Anfang des 20. Jahrhunderts den ersten Opal beim Spielen entdeckt hat, ist Coober Pedy die Opalhauptstadt der Welt. „Man muss schon ein wenig durchgeknallt sein, wenn man zum Buddeln hierher kommt",

Dieser 14 Meter hohe „Giant Koala" bei Dadswells Bridge in Victoria ist ein Bronzeguss des Künstlers Ben Van Zetten.

sagt Michael Venus. Die Sommerhitze steigt auf über 50 °C. Nach den Steinen zu graben ist zudem ein gefährlicher Job. „Hier geht es manchmal zu wie im Wilden Westen." Der Österreicher gräbt trotz dieser Widrigkeiten seit nunmehr 20 Jahren im trockenen, roten Sand nach Opalen. Bisher mit bescheidenem Erfolg. Michael schaut sich in seinen vier Wänden um und sagt: „Nur wenige machen einen spektakulären Fund und können sich dann mehr leisten als ich." Michael Venus lebt in einer Höhle. Wie die anderen Opalgräber, die sich unter Tage eine Wohnung gebaut haben. „Hier unten ist es das ganze Jahr hindurch angenehm klimatisiert. Und es gibt keine Fliegen."

Ach ja, die Outback-Fliegen. Zu Hunderten versammeln sie sich da, wo es Menschen gibt. An Raststätten, Tankstellen, Picknickplätzen – überall, wo wir sind. Sie setzen uns mächtig zu. Immer wieder schwirren sie um uns herum. Es ist zum Verzweifeln. Michael lacht über unsere Fliegen-Geschichten. Mit einem sehnsüchtigen Blick verlassen wir seine schützende Höhle. Wir schwingen uns wieder in unseren Cowboy und fahren der Sonne entgegen. Bis ans rettende Meer.

Uns stockt der Atem in Down Under

Nach 3.000 Kilometern roten Outbacksands haben wir Durst. Unsere Kehlen brennen. Doch hinter der Wüste sprudelt deutsches Bier. Eine Fata Morgana? Nein, wir sind noch immer mitten in Australien. In Hahndorf im Barossa Valley.

Blau-weiße Flaggen zieren das rustikal und schwach beleuchtete Wirtshaus „Hahndorf Inn". Eine Maß Pils nach der nächsten wandert über den großen Tresen. Für elf Euro. Deutsches Bier ist in Australien etwas ganz Besonderes. Im Saal duftet es nach Sauerkraut und fettigen Würstchen. In einer Ecke spielt eine Kapelle Blasmusik. An den Holztischen bilden Japaner, Australier und Amerikaner eine gesellige Runde. So liebt man Deutschland. Zünftig. Bayrisch! Ein dunkelhaariges Mädel mit Zöpfen und Dirndl begrüßt uns mit: „Guten Tag." Sein englischer Akzent ist unüberhörbar. Die Kellnerin im Dirndl wechselt schnell ins Englische. Sie spricht eben nur sehr wenig deutsch. Ihre Urururgroßeltern sind vor mehr als 150 Jahren nach Australien gekommen, um die erste deutsche Siedlung mit aufzubauen. Die Auswanderer erschufen seither eine kleine deutsche Bastion, die mittlerweile als Pilgerzentrum deutscher Australienbesucher gilt. Die Einwohner haben sich uralte Traditionen aus der fernen Heimat bis heute bewahrt. Wöchentliche Schuhplattler-Abende gehören ebenso zum Repertoire wie das jährliche Hahndorf-Oktoberfest. Während Jenni noch immer die Geschichte des Ortes in der Menükarte nachliest, serviert das dunkelhaarige Mädel Weißwürste mit Brezeln. Ein Stück Deutschland? Ja, aber nur ein kleines. Bayern eben.

Hahndorf ist allenfalls die Spitze dessen, was wir weltweit beobachten. Deutschland ist Bayern – zumindest für das Ausland. Und so erfüllt sich in Australien der Traum von einer Thüringer Bratwurst oder einem norddeutschen Bier nicht. Etwas Positives ist der Show rund um den Pilgerort dann aber doch abzugewinnen: zwischen Ossis und Wessis macht man keine Unterschiede. In Hahndorf sind alle Deutschen gleich. Wir sind Bayern.

Die Great Ocean Road steht auf der Liste der ansehnlichsten Straßen der Welt ganz weit vorn. Riesige Sandsteinklippen stürzen sich ins gelegentlich tiefblaue, dann wieder türkisfarbene Meer. Auf dem Kamm der Klippen fahren wir neben vielen anderen Touristen die Straße entlang. Der Blick zum Horizont ist einer der weitesten und schönsten auf unserer Reise. Die frische Meeresbrise bringt Leben in unsere ausgedorrten Outbackkörper. In diesem Jahr feiert die Great Ocean Road ihren 75. Geburtstag. Doch seit der Eröffnung im Jahr 1932 scheint an der Straße kein Mensch mehr etwas getan

zu haben. Der Asphalt ist in einem desolaten Zustand. Während wir mit offenem Mund die spektakulären Klippen bestaunen, krachen wir von einem Schlagloch ins nächste. Jenni lacht: „Nicaragua hat bessere Straßen!"

Es sind schwere Zeiten für den Cowboy. Nun holpert er durch dichte Rauchschwaden über die Straßen im Südosten Australiens. Der Himmel über den Snowy Mountains färbt sich blutrot, ein beißender Rauchgeruch liegt in der Luft. Ganz in der Nähe muss ein Buschfeuer lodern! Schnell schalten wir das Radio ein, um Warnungen zu hören. Nichts! Seit Stunden ist uns kein Auto mehr entgegengekommen. Was sollen wir machen? Umdrehen oder weiterfahren?

Wir rollen mit unserem Camper fast zwei Stunden durch den dicken Rauch. Die Taschentücher nehmen wir schützend vor die Gesichter. Weder Feuerwehr, Polizei noch Krankenwagen sind in der Nähe auszumachen. Dann endlich eine Meldung im Radio: Wegen „kontrollierter Brände" in der Region bittet das Gesundheitsministerium die Bewohner, für 48 Stunden alle Türen und Fenster verschlossen zu halten. „Kontrollierte Brände" – seit Jahren sind sie den Umweltschützern ein Dorn im Auge. Brandschutzexperten befürworten das Vorgehen, weil sie dadurch andere Wälder schützen können. Gestritten wird seit Jahren. Eine Entscheidung kommt für uns zu spät. Ohne jegliche Vorwarnung sind wir in das Waldbrandgebiet gefahren. Wir haben zwei Stunden hochgiftige Gase eingeatmet. Erst in der Hauptstadt Australiens können wir wieder frische Luft schnappen.

In Canberra herrscht klare Sicht. In einem der vielen Parks husten wir uns zunächst den schädlichen Rauch aus den Lungen. Dann schlendern wir durch die kleine Hauptstadt, die kaum größer als Halle an der Saale ist. 330.000 Einwohner wurden kürzlich gezählt. Den vielen Beamten und Politikern in der Hauptstadt gefällt die Idylle. Doch die Ruhe wird gestört. Rund eine Million Kängurus denken nicht anders als die australischen Politiker. Auch sie fühlen sich in und um Canberra sehr wohl. So hüpfen sie durch die Stadtparks, auf Militärgelände und über Fußballfelder. Die Kängurus ha-

Nach 300 Tagen Weltreise muss es schon etwas Besonderes sein, das uns von den Socken haut: Die Kalksteinfelsen und die hohen Wellen schaffen das.

ben Canberra fest im Griff. Der Stadt haben sie den scherzhaften Beinamen „größte beleuchtete Viehweide" eingebracht.

Auf dieser „Viehweide" tummeln wir uns mehrere Stunden, bis wir das War Memorial erreichen: ein Weltkriegsmuseum.

„Drei, zwei, eins … Bombe fällt!", hallt es in deutscher Sprache zusammen mit brummenden Flugzeuggeräuschen aus den Laut-

Die Idee zum Bau des Australian War Memorial in Canberra entstand schon 1916, doch erst 1941 wurde das Gebäude eröffnet.

sprechern. Dazu blitzt es um uns herum. Gänsehaut am ganzen Körper. Wir sind in der Schauhalle der Tanks und Flugzeuge. Eine Ton- und Lichtschau versetzt uns in eine Zeit zurück, die wir nur aus den Geschichten unserer Großeltern kennen. Stündlich schallen die Motorengeräusche durch die riesige Halle, in der Bomber und andere schwere Maschinen ausgestellt sind. Dieses Museum verschafft uns zum ersten Mal in unserem Leben eine kleine Vorstellung darüber, wie sich unsere Großeltern im Krieg gefühlt haben müssen. In Canberra leben wir ihre Zeit für einige wenige Stunden nach.

Wir lassen uns von der Macht der Bilder, der Töne und Geschichten aus den beiden Weltkriegen ergreifen. Die ganze Schau kann sich Falk nicht anhören. Er muss raus. Durchatmen. Doch es gibt kaum einen Ort in diesem Weltkriegsmuseum, der nicht emotionsgeladen ist. Flüchten kann er nicht. Dioramen – ein Mix aus gemaltem Bild und Modellbau – stellen komplexe Kriegsszenen dar, wie sie Fernsehausschnitte nicht widerspiegeln können. In den Schaukästen liegen Weihnachtskarten aus Frankreich, die tapfere und traurige Weltkriegsgeschichten erzählen. Der letzte Gruß eines australischen Soldaten aus der Bretagne an seine Frau daheim.

Schweigend starten wir unsere letzte Tour in Australien. Auf dem Weg nach Sydney grübeln wir viel über das Erlebnis War Memorial.

Von Sydney geht es in diesen Tagen weiter nach Indonesien. Nach mehr als vier Monaten Ozeanien geht es nun auf den asiatischen Kontinent, der letzten Station unserer einjährigen Reise um die Welt.

Eine Frage bleibt beim Abflug vom Sydney Airport allerdings offen: Wer sind denn nun die Aborigines? Die sehr verwahrlosten Gestalten, die wir im Norden gesehen haben, sind nur ein Teil der Ureinwohner. Leider haben wir nie mit einem traditionell lebenden Aborigine sprechen können. Um das Land der Ureinwohner zu betreten, die noch im Einklang mit der Natur im Outback leben, benötigt man eine spezielle Genehmigung. Australien ist ein geteiltes Land mit zwei Gesetzen: eines für Aborigines und eines für die Nichtureinwohner. Die Einreisegenehmigung in die Zone kostet Geld und die Bearbeitungszeit beträgt ca. sechs Wochen. Im Gespräch mit zugewanderten Australiern über die Aborigines spüren wir oft nur puren Hass. Rassismus reicht uns zur Meinungsbildung nicht aus.

Nach sechs Wochen verlassen wir Australien. Ein letzter Blick hinauf zur Harbour Bridge, dann düsen wir gen Bali.

Indonesien

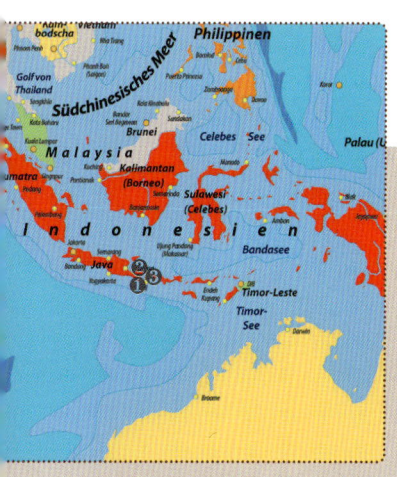

Größe: 2 Mio. km² ➡ 5 x Größe Deutschlands
Einwohner: 230 Mio.
Hauptstadt: Jakarta
Währung: 1 Rupiah = 100 Sen
Preisniveau: niedrig
Zeit: MEZ +6 h bis +8 h
Ländervorwahl: +62

Die Highlights

❶ **Ubud:** Tanke in dem Künstlerdorf kreative Energien auf Märkten, in Bars und Restaurants und auf den belebten Straßen.

❷ **Tampak Siring:** Schnür dir einen Sarong um die Hüfte und spaziere durch die magische Tempelanlage.

❸ **Tulamben:** Schultere deinen Tank und tauch hinab zur „Liberty", dem sagenumwobenen Schiffswrack.

Typisch Indonesien!

„**Transport, Transport!**": Private Transporteangebote gibt es an jeder Ecke. Für einen kleinen Betrag wird man von Tempel zu Tempel oder auch über die ganze Insel gefahren und man kommt mit Einheimischen ins Gespräch.

Botschaft

Ort: Jakarta • **Adresse:** Jalan M. H. Thamrin Nr. 1
Telefon: (+62 21) 39 85 50 00 • **E-Mail:** germany@rad.net.id

☛ Gut zu wissen

Respektiere die kulturellen und religiösen Regeln in Indonesien. Ein Tempel sollte nicht mit kurzen Hosen und ärmellosem T-Shirt betreten werden. Sarongs kann man vor jedem Tempel ausleihen (meist wird eine „Spende" erwartet).

Von Sarong-Frauen und Transport-Männern

„Das glaubst du nicht!", Falk kommt grinsend auf mich zu. „Hier wird sogar der Gang zur Toilette zum Erlebnis", beginnt er zu erzählen. Vor ein paar Minuten sind wir in Bali gelandet. „Alles ist mit frischen Blüten geschmückt und es riecht nach Räucherstäbchen", plappert Falk weiter. „Und das beste ist", er macht eine kurze Pause, wohl, um die Spannung zu steigern, „da steht sogar ein Aquarium auf dem Klo". Damit endet die Geschichte über sein erstes WC-Erlebnis auf der Insel.

Nachdem wir die indonesischen Zollbeamten hinter uns gelassen haben, geht es zu einem kleinen Hotel in Kuta, dem bekanntesten Urlaubsort auf Bali. Fünf Wochen auf Spanplatten und Schaumstoffmatratzen im Camper in Australien haben ihre Spuren hinterlassen. Kaum liegen wir in den Hotelbetten, sind wir auch schon ins Reich der Träume entschwunden.

Am nächsten Morgen schlagen wir uns durch die belebten Straßen. Überall wimmelt es von Touristen und Händlern. Vergleichbar mit einem riesigen orientalischen Basar. "Massage, do you want massage?", schreit uns eine Balinesin ins Ohr. „Eine Massage wäre schon verlockend", pflichtet Jenni bei. „Bei dem Preis!" Sie zeigt auf die Liste eines Salons. Umgerechnet vier Euro kostet die einstündige Spezialmassage. Eine halbe Stunde später liegen wir tatsächlich bei einem netten Mann und seiner Tochter auf der Massagematratze. Die beiden waren die einzigen, die uns nicht lautstark ihre Dienste aufdrängeln wollten. Leise klingen Xylophon-Klänge aus den Lautsprechern. Eine Stunde lang kneten die beiden unsere Muskulatur durch und die Verspannung löst sich in Luft auf.

Später warten Tempel, Grabstätten und Höhlen darauf, erkundet zu werden. Um dorthin zu kommen, heuern wir einen Fahrer an. Einen

Ein bisschen Spaß muss sein … auch beim Toilettengang.
Ein Aquarium und Pflanzen gab es übrigens nur auf dem Herren-WC!

balinesischen Chauffeur für den Tag zu finden, ist nicht schwer. Geht man die Straße entlang, schallt es von jeder Ecke: „Transport, Transport!" Wir finden schnell einen jungen Mann, der uns sympathisch ist. Wir verhandeln und einigen uns auf 15 Euro für eine Tagestour durchs Zentrum der Insel.

Die Insel ist recht groß, trotzdem sind die Sehenswürdigkeiten schnell mit dem Auto zu erreichen. Auch dank unseres Fahrers, der gekonnt die großen Schlaglöcher umfährt. Leider erkennt er die kleinen Schlaglöcher fast nie. Deshalb landen wir gut durchgeschüttelt an einer Tempelanlage im Zentrum der Insel.

Frauen bevölkern den Eingang zum Tempel. Sie wollen ihre Waren an die zahlreichen Touristen bringen. Vor allem Sarongs. Diese Tücher muss man sich beim Tempelbesuch aus religiösen Gründen um die Hüfte binden, damit sie die nackten Beine bedecken. Aber normalerweise kann man sich einen Sarong auch vor dem Tempel ausleihen. Kostenlos! Hätten wir nur an diesem einen Tag bei jeder Händlerin aus Solidarität einen Sarong gekauft, wären unsere Rucksäcke jetzt mit ca. 100 Tüchern vollgestopft. Wir sagen: „Nein, danke", lächeln freundlich und leihen einen Sarong aus. Dann betreten wir die heilige Stätte.

Magie à la Bali. Der Tempel von Ubud ist nur einer von vielen. 200 gibt es auf der Insel insgesamt. Überall glitzert es golden, Räucherstäbchen duften, Opfergaben aus Reis und Blüten liegen verstreut. Menschen beten und verbreiten eine andächtige Stimmung. Detailreiche Verzierungen schmücken Türmchen und Wasserbecken. Wir tauchen ein in eine völlig fremde Welt. Sich als Tourist durch die religiösen Anlagen zu bewegen, setzt Respekt und Zurückhaltung voraus. Bedächtig erkunden wir die Winkel des Tempels. Doch mit jedem weiteren Tempelbesuch nimmt die Magie ab. Ein deutsches Urlauberpärchen aus München, das wir in Ubud kennenlernen, drückt es passend so aus: „Kennste einen, kennste alle!"

Wenn das Reisen zur Normalität wird, tut man sich schwer, Besonderheiten zu finden. Berge, Vulkane, Seen – all das haben wir bereits zur Genüge auf der Weltreise gesehen. Hier auf Bali gibt es viel Neues. Und doch schaffen wir es nicht mehr, uns für diese tollen Dinge zu begeistern. Extreme sind gefragt. Lovina, im Norden Balis, ist so ein extremer Punkt. Hier werden wir mit der schlimmen Vergangenheit der Insel konfrontiert.

Seit den Terrorakten von 2002 und 2005 wollte kaum noch jemand Urlaub auf Bali machen. Die verheerenden Bombenanschläge forderten über 200 Menschenleben. Der Süden hat sich mittlerweile einigermaßen erholt. Auch nach Kuta – Schauplatz der schlimmsten Attentate – kommen die Leute wieder. In den Norden verirren sich jedoch nur wenige. Und so laufen wir vorbei an geschlossenen Restaurants, verfallenen Hotels und kleinen Shops, die leer stehen. Dabei ist vor allem Lovina ein liebenswertes Paradies. Wir finden in dem Ort eine wunderschöne Unterkunft. Ein Holländer hat trotz der

Augen zu und genießen! In Asien sind Massagen deutlich erschwinglicher als bei uns. Da sagen auch wir nicht nein und lassen uns kräftig durchkneten.

Noch einen Monat lang reisen wir der Sonne hinterher. Bereits etwas reisemüde machen wir uns auf zur letzten Etappe.

Bombenanschläge sein liebevoll verziertes Hotel erhalten können. Lovinas Strandbars verführen zum Sitzenbleiben und Genießen des Abend(b)rots. Am Ende jedes Tages verschlägt es uns nun hierher. Wir beobachten die schaukelnden Schiffe im Meereswasser, an denen sich die letzten Sonnenstrahlen brechen. Bald ist unsere große Reise um die Welt vorbei – das wird uns immer häufiger bewusst. Mit einem Seufzer lehnen wir uns in den großen Holzstühlen eines Restaurants zurück, schließen die Augen und spüren den lauen Wind des Indischen Ozeans über unsere Wangen streicheln.

➤ **Falk empfiehlt**

Schau vor deiner Reise ruhig mal im Internet nach Unterkünften auf Bali. Bei deutschen Reiseveranstaltern kannst du oft günstigere Angebote erhaschen als in den Hotels vor Ort. Das lohnt sich!

Singapur

Größe: 704 km² ➡ Größe Hamburgs
Einwohner: 4,6 Mio.
Hauptstadt: Singapur
Währung: 1 Singapur-Dollar = 100 Cents
Preisniveau: moderat
Zeit: MEZ +7 h
Ländervorwahl: +65

Highlight

❶ **Singapur:** Mach dich fein für eine Stadt der neuen Generation. Die Metropole schläft nie und wird dich auch nie ermüden.

Typisch Singapur!

Tigerbalsam: Für die beliebte Salbe, die bei Schnupfen, Kopfschmerzen und Rückenproblemen helfen soll, werden in Singapur natürlich keine Tiger verarbeitet.
Tigerbier: Singapur zeigt sich stolz, wenn es um sein international ausgezeichnetes Bier geht.

Botschaft

Ort: Singapur • **Adresse:** 50 Raffles Place, 12-00 Singapore Land Tower • **Telefon:** (+65) 65 33 60 02
E-Mail: info@sing.diplo.de

☞ Gut zu wissen

Singapur ist ein Land mit zahlreichen Verboten, Einschränkungen und Geldstrafen. Bis 2004 war z. B. der Verkauf von Kaugummi strikt untersagt. Mittlerweile hat Singapur diese Regelung etwas gelockert. Als sogenannte kontrollierte Substanz darf Kaugummi in Apotheken verkauft werden – gegen Vorlage eines Rezeptes.

Schwerer Start im Stadtstaat Singapur

22 Uhr, Singapur, Flughafen, Einreiseschalter. Der junge, chinesisch aussehende Beamte blättert durch unsere Pässe. Er stutzt. Verwirrt schaut er erst Falk und dann das Passfoto an. „Das sollen Sie sein?", fragt er schließlich. Er will nicht recht glauben, dass der Mann auf dem Bild mit den kurzen, dunklen Haaren derselbe ist, der gerade vor ihm steht. Falks von der Sonne geblichene Haarpracht reicht ihm mittlerweile bis zu den Schultern. Die Bräune der Haut tut ihr Übriges. Verständlich, dass dem Beamten Böses schwant. Wir erklären ihm, dass wir eine Weltreise machen und Falks Haare seit Reiseantritt extrem schnell gewachsen sind. Die dunklen Gedanken des Beamten schwinden. Er lächelt, wirft einen letzten prüfenden Blick in den Pass und drückt schließlich den Visumstempel hinein.

Mit unserem Gepäckwagen rollen wir an den überfüllten Taxistand. Alles funktioniert effektiv nach Zuteilung. Zwei Minuten später sitzen wir bereits im Taxi und lassen uns ins Hostel bringen. Auf der Fahrt kommen wir an riesigen, eintönigen Plattenbausiedlungen vorbei. Wir fühlen uns ein wenig an Deutschlands Neubaugebiete erinnert. Berlin-Marzahn, München-Neuperlach, Magdeburg-Olvenstedt.

An der kleinen Rezeption erwartet uns typisch singapurisch ein chinesisches Mädchen. Vier von fünf Stadtbewohnern sind Chinesen. Freundlich werden wir in die Jugendherberge gebeten. Auf einem schmalen Flur reihen sich sechs Holzschwingtüren aneinander. Hinter der ersten verbirgt sich unser Raum für die nächsten drei Nächte. Das Mädchen schließt auf, die dunkle Tür schwingt nach rechts und gibt den Blick aufs Innere frei. Eine Matratze auf der Erde, an der Wand eine ratternde Klimaanlage, auf einem Tisch ein alter Fernseher. Kein Fenster. Der Raum misst höchstens vier Quadratmeter. Was Besseres bekommt man für 30 Euro nicht in Singapur. Na ja, ist ja nur zum Schlafen. Wir bedanken uns und ziehen ein.

....

Singapur ist für uns eindeutig die schönste moderne Stadt, die wir auf unserer Reise entdecken.

Der Hafen von Singapur zählt zu den modernsten und größten der Welt. Er ist der weltweit bedeutendste Umschlagplatz für Container.

Eine halbe Stunde später wird es noch enger im Zimmer. Der Grund: Mitbewohner. Tausende weiße Tierchen krabbeln in einer Ecke des Zimmers fröhlich vom Boden zur Decke und fallen, oben angekommen, wieder aufs Parkett. Jenni: „Mit diesen Maden schlafe ich nicht in einem Zimmer." Ein weißes Etwas robbt sich gerade gefährlich nah in Richtung unserer Matratze. Sofort alarmieren wir die Hostelangestellten. Fünf Minuten später scharen sich drei kleine Chinesinnen um die kontaminierte Zimmerecke. Eine fegt die Tiere weg, die andere schmiert eine giftige Insektenpaste an die Wand. Die dritte Dame steht daneben und schüttelt entsetzt den Kopf. Sie erklärt uns, das seien weiße Ameisen. Durch den satten Regen der letzten Tage sind sie aus dem Erdreich ins Hausinnere gekrabbelt.

Freundlich versichert sie uns, dass wir morgen ein anderes Zimmer bekommen.

Ein paar Ameisen fanden in der Nacht den Weg zu uns. Zwischen unseren Bettdecken ist es eben gemütlicher als an der nackten Betonwand. Die Paste von gestern hat gewirkt. Wir sind halbtot, aber die Viecher leben. Wir haben schlimme Kopfschmerzen und flüchten ins Zentrum.

Singapur ist die Stadt der tausend Verbote. Harte Strafen warten. Bereits fürs öffentliche Kaugummikauen. Wir sehen uns vor. Für hohe Geldbußen reicht unser Budget nicht aus. Und für lange Gefängnisstrafen haben wir keine Zeit. Positiver Nebeneffekt des Kaugummiverbots: Unter Kinosesseln kleben keine Kaugummireste und die Straßen sind sauber. Nur der ein oder andere Nikotinkaugummi klebt auf den Gehwegen. Der ist erlaubt. Denn Singapur geht konsequent gegen Raucher vor. Eine Zigarette in öffentlichen Gebäuden qualmen, wird teuer. 500 Euro kostet der Nikotinkick. Und ein weiteres Verbot können wir sehr gut nachvollziehen. An vielen öffentlichen Einrichtungen, Hotels und Verkehrsmitteln prangt eine Plakette: „No durians!" Durian ist eine essbare Frucht, an der sich die Geister scheiden. Für die einen ist sie ein Lebenselixier. Für die anderen die wohl ekligste Frucht der Welt. Sie stinkt nach vergorenem Käse. Manche meinen, sie riecht nach faulen Eiern, Kot oder Terpentin oder allem zusammen. Wer in Hotels das Durian-Verbot missachtet, muss damit rechnen, das Zimmer für eine weitere Woche zahlen zu müssen.

Nach einem vorsichtigen Stadtbummel kommen wir am frühen Nachmittag noch einmal zum Hostel. Jetzt können wir unser neues Zimmer beziehen. Das hat sogar ein Fenster. Öffnen lässt es sich nicht, aber es kommt ein wenig Tageslicht in das Kabuff. Und das Wichtigste: Keine einzige Ameise kriecht durch den Raum.

Trotzdem wollen wir das Zimmer nur zum Schlafen nutzen. Wir stürzen uns wieder ins Getümmel. Religiöse Anlagen und Shoppingtempel konkurrieren in Singapur. Uns reizt das Einkaufen in der modernen Stadt. Ob das Mustafa-Center oder die Malls in der Orchard

Der Singapur Sling ist der Geheimcocktail und sollte ganz stilecht im altehrwürdigen Raffles Hotel an der Long Bar getrunken werden. Hier wurde der Mix aus Gin, Kirschlikör und vielen anderen alkoholischen Zutaten vor rund 100 Jahren erfunden.

Road – ein Center ist größer als das andere. Wir schlendern durch die Läden. Angeblich soll ja in Singapur vieles billiger sein als in Deutschland. Das interessiert uns. Wir werfen hier und da einen Blick auf die Preise für Klamotten, Technik und Kosmetik. Zwei Stunden später wissen wir: Jeans sind geringfügig billiger, Kosmetik auch. Aber für Handys, MP3-Player und Fotoausrüstung müssten wir den gleichen Betrag wie zu Hause auf den Tisch legen. Mitunter sogar noch mehr. Wir sind gespannt, ob unsere weiteren Ziele, Kuala Lumpur und Bangkok, in Konkurrenz mit der Heimat treten können.

Im Tempel Sri Veeramakaliamman im Stadtviertel „Little India" wird viel gebetet. Etwa 8 % der Bevölkerung Singapurs sind Inder.

Malaysia

Größe: 330.000 km² ➡ in etwa die Größe Deutsch-lands

Einwohner: 27 Mio.

Hauptstadt: Kuala Lumpur

Währung: 1 Malaysischer Ringgit = 100 Sen

Preisniveau: niedrig

Zeit: MEZ +7 h

Ländervorwahl: +60

Highlight

❶ **Kuala Lumpur:** Mach die Einkaufstempel zu deinem neuen Zuhause. Zücke die Kreditkarte und shoppe dein Portmonee leer. Kaufe dir individuellen Schick aus Fernost!

Typisch Malaysia!

Schwarzer Tee: Die Cameron Highlands bieten beste Bedingungen für den Anbau feiner Teesorten. An den steilen Berghängen wächst unter anderem schwarzer Tee heran und wird nicht weit entfernt verarbeitet und zum Verkosten angeboten. Die Teemarke BOH aus den Cameron Highlands ist unter Teeliebhabern weltweit bekannt.

☞ Gut zu wissen

Im muslimisch geprägten Malaysia ist es gang und gäbe, sich die Schuhe vor dem Hotel oder der Pension auszuziehen und barfuß das Haus zu betreten. Bestehe aber darauf, in nicht allzu reinen Unterkünften das Bad mit Latschen betreten zu dürfen.

Botschaft

Ort: Kuala Lumpur • **Adresse**: 26th Floor, Menara Tan & Tan, 207 Jalan Tun Razak

Telefon: (+60 3) 21 70 96 66 • **E-Mail:** contact@german-embassy.org.my

Schlotternde Knie gehören zu Malaysia

Wir zittern, als wir an der Grenze von Singapur nach Malaysia stehen. Überall kleben Plakate: „Todesstrafe für Drogenbesitz!" Wir müssen eigentlich nichts befürchten, aber die Angst sitzt dennoch im Nacken. Geschichten kursieren von Reisenden, denen heimlich Drogen untergeschoben wurden. Von korrupten Beamten, Schmugglern und Hotelbesitzern. Deshalb haben wir unsere Rucksäcke vor dem heutigen Trip noch einmal genau unter die Lupe genommen. Unser Ziel: Eine der zehn schönsten Inseln der Welt. Aber anstatt jetzt von Sonne, Strand und Meer auf der Insel Tioman zu träumen, warten wir an der Grenze mit schlotternden Knien.

Die Sonne hat sich an diesem frühen Morgen gerade über den Horizont getraut. Die Grenzbeamten wirken noch sehr verschlafen. Vielleicht fallen deshalb die Kontrollen nicht so streng aus. Ein kurzer Check der Seitentaschen, dann winkt uns der Beamte durch.

Der Bus knattert über malaysisches Gebiet. Flott geht es voran. Bis plötzlich die abgefahrenen Gummireifen des Busses quietschen. „Aussteigen für Tioman!", brüllt der Busfahrer. Wir schauen aus dem Fenster und sind irritiert. Sollte die Haltestelle nicht direkt am Hafen liegen? Momentan halten wir im Nirgendwo. Eine alte, gelbe Tankstelle ist zu sehen. Dazu gesellen sich dreckige Wohnbauten und der scheinbar genervte Busfahrer. „Raus hier!", befiehlt er. Wir schauen uns an und denken beide im gleichen Moment an den Tipp

im Reiseführer. In der Stadt Mersing – hier legt die Fähre nach Tioman ab – wird man als Tourist von zahlreichen Busunternehmen mitten im verarmten Zentrum rausgeschmissen. Warum? Weil dort jeder Tourist sofort von dem Mitarbeiter einer Reiseagentur abgefangen wird. Der Hafen und damit die eigent-

liche Haltestelle liegt noch gut 15 Minuten Fußweg entfernt. Den
Busfahrer interessiert das nicht. Er kassiert von der Reiseagentur, die
zu überhöhten Preisen die Tickets nach Tioman anbietet, eine Pro-
vision. Diesen Betrug machen wir nicht mit. Wir laufen die 15 Minuten durch die brütende Hitze. Aus Prinzip. Und so bekommt der
Busfahrer an diesem Tag keinen Schein zugesteckt. Durchgeschwitzt
und angesäuert erreichen wir den Fährhafen und schnappen uns das
nächste Boot, um möglichst schnell auf die Insel zu kommen.

Nach gut anderthalb Stunden rasanter Bootsfahrt über hohen Wel-
lengang legt der Kapitän den Gashebel um und bremst. Wie wabb-
lige Götterspeise fühlen wir uns, als wir gut durchgerüttelt aus dem
Boot steigen und den Fuß auf das Eiland setzen. Der erste Eindruck
macht Freude. Alles scheint paradiesisch und ursprünglich. Im Zentrum Tiomans erhebt sich der Berg Gunung Kajang 1.038 Meter
aus dem Meer. Nur die Randbereiche von Tioman hat sich der
Mensch erschlossen. Hier reihen sich Hotels, Restaurants und kleine Läden aneinander. In Tekek, dem größten Ort der Insel, machen
wir uns auf die Suche nach einem günstigen Hotel. Doch schon die
ersten Meter auf dem asphaltierten, aber löchrigen Weg verheißen
nichts Gutes. Mit jedem Schritt verdunkeln sich unsere Mienen.
Nicht nur, weil sich in den Straßen und am Strand ein Müllberg an
den nächsten reiht. Wir bekommen auch kein Hotelzimmer. Alles
ist ausgebucht oder viel zu teuer. Wir klappern die Promenade von
Tekek ab. Nichts! Der nächste Ort ist gut sechs Kilometer entfernt.
Mit unseren 20 Kilogramm schweren Rucksäcken nehmen wir den
Weg auf uns. Was bleibt uns anderes übrig? Der Schweiß rinnt uns
bereits die Beine herunter.

Auf halbem Weg begegnen wir einem Mann, der vor allem Jenni
mitleidig anschaut. Er stellt sich als Mitchell vor, geboren in Kanada, jetzt Lehrer an einer internationalen Schule in Singapur. Zusammen mit seinen Schülern und einer Gruppe Lehrer schnorchelt
er durch den Marinepark Tiomans. Wir kommen ins Gespräch und
schildern ihm unsere missliche Lage. Wenn wir kein Hotelzimmer
bis zum Abend finden, müssen wir am Strand unter dem Sternen-

himmel schlafen. Romantisch, aber nicht gerade sicher. Am Himmel brauen sich auch noch dicke Wolken zusammen. Die letzte Fähre zurück zum Festland ist bereits um drei Uhr gefahren. Wir könnten nicht einmal weg von hier. „Ihr könnt doch mit zu uns ins Hotel kommen!", schlägt Mitchell vor. „Wir sind eine halbe Stunde

Die Dunkelheit lässt die Dinge verschwinden, die tagsüber das Bild von Tioman getrübt haben: Müllberge.

Bootsfahrt von hier in dem kleineren Ort Paya untergebracht. Im Hotel könnte noch etwas frei sein." Typisch Kanadier! Immer hilfsbereit. Wir schlagen ein und sitzen keine zehn Minuten später mit im Boot nach Paya. An Bord 30 Kinder aus aller Welt, Mitchell und drei andere Lehrer aus Costa Rica, Australien und Malaysia.
In diesen Minuten hoffen wir, ein Zimmer in Paya zu bekommen. Mittlerweile ist uns der Preis der Unterkunft fast schon egal. Die Sonne neigt sich gefährlich gen Horizont und die Gewitterwolken blähen sich auf. Der Kapitän des alten Boots gibt Gas mit Kurs auf Paya. Unsere letzte Hoffnung!

„Das wird schon!", baut uns Mitchell auf, als wir an der Rezeption ankommen. „Haben Sie noch ein Doppelzimmer für uns frei?" fragt Falk zaghaft. „Haben Sie denn eine Reservierung?", kommt die enttäuschende Gegenfrage. Natürlich nicht! Wir sind Rucksacktouristen und planen unsere Stopps nie lange im Voraus. Der Mann am Empfang blättert in seinem Heft. Bis er mit einem Mal den Stift fallen lässt und sagt: „Na, dann kommen Sie mal mit. Ich zeige Ihnen den letzten freien Bungalow." – „Nehmen wir!", platzt es spontan aus uns heraus. Dabei haben wir den Raum noch nicht einmal gesehen.

Malaysia zum Lieben und Fürchten

Wir tauchen vor der malaysischen Küste. Plastiktüten, Bierflaschen, Haarspangen ziehen im Wasser an uns vorbei. Zum Glück prägen auch ein paar Fische und Rochen die Unterwasserlandschaft. Aber die Menge an Dreck im Meer erstaunt uns viel mehr. „Das Tauchgebiet rund um Paya ist mit Abstand noch das sauberste auf Tioman", erzählt uns der Tauchführer anschließend an Deck. Auf der Insel gibt es keine Müllverbrennungsanlage. Und so landet eben alles im Wasser und später wieder am Strand. „Noch viel schlimmer finde ich das Treiben von denen da draußen." Der Tauchführer zeigt auf die vor Tioman liegenden Kriegsschiffe. „Auf der anderen Seite der Insel machen die ihre Tests. Das Riff dort haben die komplett weggebombt." Als wir später lesen, dass Tioman auf der Hitliste der zehn schönsten Inseln der Welt steht, wissen wir nicht, ob wir lachen oder weinen sollen.

Unsere Reise führt uns weiter in die Hauptstadt Malaysias, nach Kuala Lumpur. Die oft vergessene Stadt zwischen Bangkok und Singapur wird für uns zum Erlebnis auf Lebenszeit.

Als wir die Metropole erreichen, spiegelt sich die untergehende Sonne in den Petronas Towers. Sie sind die höchsten Gebäude der Stadt und die größten Zwillingstürme der Welt. Die Einwohner von KL, so kürzen sie ihre Heimatstadt ab, sind stolz auf ihren Bau. „Wenn ihr die Petronas Towers besteigen wollt", rät unser Taxifahrer mit funkelnden Augen, „dann müsst ihr sehr früh an den Kartenschaltern stehen. Am besten um sechs Uhr."

Eine andere Möglichkeit, Kuala Lumpur von oben zu sehen, ist der Fernsehturm. Er ist nur 30 Meter kleiner als die Türme. Zudem ist er billiger und wir müssen nicht für Eintrittskarten mitten in der Nacht aufstehen. Noch am Grund des Turms wird Falk unruhig. Die Höhenangst. Mutig kauft er dennoch zwei Tickets für den Fahrstuhl. Ohne langes Warten stehen wir wenig später im Lift. Alternativ stehen 2.058 Stufen zur Verfügung. Binnen Sekunden schießen wir jetzt 335 Meter in die Höhe, hinauf zur Aussichtsplattform. Kaum oben angekommen, will Falk nur noch eins: wieder runter. Während Falk bereits den Rückweg antritt, knipst Jenni jeden Winkel der Stadt. Viele halbfertige Gebäude fallen auf. Riesige Bauruinen. Ein Überbleibsel der Asienkrise Ende des vergangenen Jahrtausends. Das Hervorstechende an KL ist die Vielfalt. Neben Bankenhochhäusern findet man auch mal ein leicht gebautes Restaurant aus Blech mit Bambusdach. Oder einen bunt verzierten Tempel. Wir treffen uns am Eingang des Fernsehturms wieder. Es wird Zeit für unseren Asientest.

Welche Stadt in Südostasien kann die europäischen Preise deutlich schlagen? In Singapur sind wir der Frage bereits nachgegangen, haben aber keinen eindeutigen Trend erkennen können. In Kuala Lumpur ist das anders. Von der Hose, über Kosmetik bis hin zu Computern ist fast alles deutlich billiger. In den Shoppingzentren staunen wir uns durch die Regale. Falk schlägt zu. Die Weltreiseklamotten, die wir fast ein Jahr getragen haben, werden nun ersetzt. Moderne, stylische und hochwertige Hemden, T-Shirts und Hosen landen in den Shoppingtüten. Vor allem malaysische Marken tun es ihm an. Endlich mal was Ausgefallenes. Meist muss er dafür nicht mehr als zehn Euro pro Teil ausgeben. Doch die Shoppingtour endet abrupt. Mitten zwischen Herrenausstattern, Restaurants und CD-Shops entdecken wir Arztpraxen. Nichts Außergewöhnliches in Malaysia. Unsere Aufmerksamkeit erregt eine Praxis mit dem Plakat „LASIK-Augen-OP".

Die Schuhe ziehen wir vor der Praxis aus. Drinnen könnten wir vom Fußboden essen. Die Bodenfliesen funkeln. An der Wand hängen Bilder, auf denen immer wieder das Wort LASIK zu lesen ist: Laser In Situ Keratomileusis. Diese Technik soll Sehschwächen ausbügeln. Jenni trägt normalerweise eine Brille. Schon in Deutschland hatte sie immer wieder mit einer Korrektur ihrer Augen geliebäugelt. Aber die Kosten waren einfach zu hoch. Wir sprechen mit dem Arzt. In perfektem Englisch klärt er über die Laser-Technik und ihre Risiken auf. Und dann macht er uns ein Angebot, dass keine andere Möglichkeit zulässt: Jenni kommt unters Messer.

Zwei Tage später, nach Voruntersuchungen und Tests, ist es soweit. Jenni liegt auf dem OP-Tisch im Shoppingcenter. Der Arzt macht einen sehr kompetenten Eindruck. Dass sich die OP binnen fünf Jahren amortisieren wird, hat uns überzeugt. Wir sind aufgeregt. Jenni natürlich am meisten. Was beruhigt: Der Eingriff dauert nur wenige Sekunden. Anschließend hängt man noch eine Stunde in einer dunklen Kammer ab. Dann sollte die volle Sehkraft wieder da sein. Brille ade. Wunderbar.

Eine Stunde später. Jenni schaut wenig glücklich aus mit den riesigen Plastikschutzschalen vor dem Gesicht. Dahinter verbergen sich aber ein breites Grinsen und leuchtende Augen. Der Eingriff war ein voller Erfolg. Ihre Zeiten mit Brille sind vorbei. Für immer! Dieser Abschied fällt nicht schwer. Dafür der von der Stadt mit dem hohen Wiederkehrfaktor – Kuala Lumpur.

➤ **Falk empfiehlt**

Für einen Blick über Kuala Lumpur hast du zwei tolle Möglichkeiten. Zum einen die Petronas Towers. Mit insgesamt 452 Metern überragen die Zwillingstürme die Stadt. Leider ist es Touristen nicht gestattet, bis in die oberste Etage zu fahren. Auf Meter 172 ist Schluss: Hier dient eine Brücke als Aussichtsplattform. Option Nummer zwei ist der Skytower. Mit dem Fahrstuhl saust du hinauf auf 335 Meter und hast von hieraus den wohl schönsten Ausblick über KL.

Thailand

Größe: 513.000 km² ➡ 1,5 x Größe Deutschlands
Einwohner: 63 Mio.
Hauptstadt: Bangkok
Währung: 1 Baht = 100 Stang
Preisniveau: niedrig
Zeit: MEZ +6 h
Ländervorwahl: +66

Die Highlights

❶ **Krabi:** Krall dich hinauf zu den Spitzen der Kalksteinfelsen vor der Küste. Lass anschließend deine Blessuren in den zahlreichen Massagetempeln pflegen.

❷ **Khao Sok:** Flüchte vom überlaufenen Phuket in den grünen Dschungel und erhol dich bei einer Bootsfahrt von den Strapazen.

❸ **Bangkok:** Stopp am Grand Palace für eine spektakuläre Führung durch den reich verzierten Palast.

Typisch Thailand!

Das thailändische Königshaus: Es genießt besonderen Respekt. Abfällige oder kritische Bemerkungen solltest du strikt vermeiden. Majestätsbeleidigung wird hart bestraft.

Botschaft

Ort: Bangkok • **Adresse:** 9 South Sathorn Road • **Telefon:** (+662) 287 9000 • **E-Mail:** info@german-embassy.or.th

☛ Gut zu wissen

Bangkok hat mehrere Flughäfen, doch nur einen internationalen, den „Suvarnabhumi". Sagst du nur „Airport", kann es sein, dass dich der Taxifahrer zum entlegenen nationalen Flughafen chauffiert. Dieses „Missverständnis" hat so manchen Urlauber bereits den Heimflug gekostet.

Kein Lächeln im Land des Lächelns!

„Keine Zeit, der Bus fährt!", brüllt ein Mann schrill wie ein Wecker. Jetzt sind wir wach. Wir stehen an einer Straße in der südthailändischen Stadt Hat Yai. Nur eine Zwischenstation auf dem Weg ins Badeparadies Krabi. Die ganze Nacht über schaukelten wir im Bus. Von Malaysia über die Grenze nach Thailand. Wir sind k.o.! Jetzt müssen wir in einen anderen Bus umsteigen. Der schrill brüllende Asiate kommt nah an uns heran, will uns packen und in sein Taxi ziehen. „Hey, Freundchen, nicht anfassen!" Das Umsteigen wird zur Tortur.

In Hat Yai gibt es viele Busstationen. Offizielle und viele inoffizielle. Unser Bus hält Meilen entfernt vom eigentlichen Umsteigebahnhof. Genauer gesagt: Der Bus hält am anderen Ende der Stadt. Kaum nehmen wir unser Gepäck, drängt sich eine Schar Thailänder um uns. „Schnell!", schreien nun mehrere Taxifahrer wie von der Tarantel gestochen. Wenn wir heute noch nach Krabi wollen, dann müssen wir uns beeilen. Der Bus dorthin fährt in wenigen Minuten

Schaut fast aus wie ein Kraftwerk mitten in der Stadt. In Phuket hängen die Stromkabel aber fast überall so „in der Gegend herum".

ab. Das geben uns die Jungs in gebrochenem Englisch zu verstehen. Andere, die kein Englisch sprechen, wuseln einfach neben uns her. Grapschen immer wieder an uns herum. „Nicht anfassen, hab ich gesagt!", Falk wird wütend.

Hektik bricht aus, als wir Interesse zeigen, uns zum Umsteigebahnhof fahren zu lassen. Irgendwie müssen wir ja dorthin kommen. Plötzlich flitzt die Asiaten-Schar zu ihren Tuk-Tuks, ihren knatternden kleinen Taxen. Autorikschas. Binnen drei Sekunden stellt sich der Erste vor. Wir sollen in sein Tuk-Tuk einsteigen. Er will uns sofort zum Bus bringen. Skeptisch schlagen wir ein.

Nach fünf Minuten Fahrt halten wir bereits wieder. Vor einem ominösen Reisebüro. Unsere Alarmglocken schrillen. Das ist doch wieder so ein linkes Ding. Eine inoffizielle Bushaltestelle. Wieso versucht man uns in Asien eigentlich ständig übers Ohr zu hauen?

Wir haben einen Stadtplan und sehen, dass der Umsteigebahnhof am anderen Ende der Stadt liegt. Wir kennen auch den Preis für die Fahrkarten. Aus dem Einmaleins eines jeden Reisenden: dem „Lonely Planet"-Reiseführer. Eine Thailänderin kommt uns aus dem ominösen Büro entgegengestürzt. Sie erklärt kurzerhand den abgesenkten Bordstein vor ihrem Reisebüro zum offiziellen Umsteigebahnhof von Hat Yai und nennt uns zudem einen unverschämt hohen Preis für die Fahrkarten. Wir glauben ihr kein Wort. Sie funkelt uns böse an und meint, das sei der normale Preis. Jetzt sind wir richtig sauer. Wir jagen den Taxifahrer und seine Komplizin zum Teufel. In vergleichbaren Situationen in Amerika haben wir uns das noch nicht getraut. Am Ende unserer Reise hat sich die Ehrfurcht vor anderen Kulturen relativiert. Wir stellen uns an die Hauptstraße und warten auf ein ehrliches Taxi.

Eine hektische, nervenaufreibende Stunde später sitzen wir im öffentlichen Bus nach Krabi. Nach langem Hin und Her haben wir einen Taxifahrer gefunden, der uns zum Umsteigebahnhof gefahren hat.

Zehn Tage noch. Dann ist alles vorbei. Kein Umherreisen mehr, kein schweres Gepäck, keine neuen Länder. Im Moment freuen wir uns.

Denn die asiatischen Zustände fördern unsere Reiselust in keinster Weise. Krabi wie Phuket werden eine große Enttäuschung. Nach einigen Tagen Faulenzen am Strand – zusammen mit Plastikflaschen, Glühbirnen und Papiertüten – steuern wir weiter in die grünen Oasen Thailands. Wir erkunden den Khao-Sok-Nationalpark. Wir sind auf der Suche nach der größten Blüte der Welt. Die hier heimische Rafflesia-Art erreicht mit einem Blütendurchmesser von 80 Zentimetern Platz eins in der Hitliste. Zu Fuß, aber vor allem mit dem Kanu, touren wir durch den Nationalpark. Auf einem der zwei Flüsse paddeln wir. Na ja, nicht ganz. Zwei Kanuführer übernehmen das Paddeln für uns. Der Vorteil: So können wir in Ruhe Fotos schießen. Zum Beispiel von zwei Schlangen, die eingerollt in den Bäumen liegen und sich die Sonne auf die Schuppen scheinen lassen. „Die grüne da ist eine giftige Bambusotter", erzählt uns der Kanu-Kapitän. „Na, wenn die mal nicht vom Baum fällt", fürchtet Jenni, als wir unter dem Sonnenplatz der Otter vorbeischippern. Rafflesia arnoldii, die Pflanze mit der größten Blüte der Welt haben wir noch nicht entdeckt.

Den zweiten Teil unseres Abenteuertages für Junggebliebene verbringen wir auf dem Rücken zweier Dickhäuter. Für anderthalb Stunden führen uns zwei Mahuts mit ihren Elefanten durch den Park. Jeder Mahut hält einen Elefant, kümmert sich um ihn, trainiert und reitet ihn. Über einen Hochstand krabbeln wir auf die Tiere. Auf dem Rücken ist reichlich Platz.

Kaum sitzen wir, trotten die Dickhäuter auch schon los. Mittlerweile zweifeln wir, ob wir die besondere Blüte wirklich zu Gesicht bekommen, denn mit ihren gewaltigen Stampfern zertreten die Elefanten etliche Pflanzen am Wegesrand. Langsam schlagen sich die Giganten durch den Dschungel. Es geht vorbei an Kaffeeplantagen und Bambusfeldern. Unser Elefant bewegt sich dabei so langsam, dass wir schnell müde werden. Zumal der Elefant an jeder Kaffeepflanze stoppt und eine Pause einlegt. Eine Kaffeepause! Plötzlich wird es doch spannend. Unsere Elefantendame beginnt zu röhren. Sie röhrt tief aus dem Bauch heraus und klingt dabei wie ein über-

> **Jenni empfiehlt**
>
> Steige erst in ein thailändisches Taxi, wenn dir der Fahrer einen akzeptablen Preis für die Tour genannt hat. Richtwerte für die Gebühren müssen in jedem Taxi aushängen. Findest du keine Liste, erkundige dich an der Hotelrezeption oder warte auf ein neues Taxi.

großer Löwe. Und dann reißt sie ihren Kopf mehrmals schnell nach oben. Der Mahut bleibt ruhig. Er zeigt in den Wald und gibt zu verstehen, dass sein Elefant nervös ist, weil dort irgendwo ein gefährliches Tier lauert. Stehen wir gleich einem Panther gegenüber? Wohl kaum. In sicherer Entfernung – wahrscheinlich hunderte Meter von uns entfernt – versteckt sich der vermutete Panther im Dickicht. Wir Menschen sind nicht sensibel genug, um so ein gefährliches Tier aus der Weite aufzuspüren. Aber Elefanten wird nachgesagt, dass sie auf mehrere Kilometer Distanz Gefahr wittern können. Gemeinsam treten wir den Rückzug an. Unser Dickhäuter beruhigt sich wieder. Dann geht es ab nach Hause, vorbei an Kaffeesträuchern, aber an keiner einzigen Rafflesia.

Der Abschied von der großen, weiten Welt

Die Zeit rennt. Vor diesem Moment hatten wir immer wieder Angst. Besonders am Anfang der Weltreise, als wir noch 365 Tage planen konnten. Doch heute, drei Tage vor dem Ende der Tour, wollen wir nur noch nach Hause. Die Familie sehen, deutsches Brot essen, mit Freunden einen Abend vor dem Fernseher verbringen. Fußball-Bundesliga gucken. Auf einer Weltreise werden die alltäglichen Dinge des Lebens zum sehnlichsten Traum. Doch eine letzte wichtige Aufgabe steht noch aus: der Asientest.

Singapur, Kuala Lumpur, Bangkok – das Shoppingfieber bricht aus. Welche Stadt schafft den Sprung auf das oberste Treppchen als wirklich günstigste Einkaufsstadt? Kuala Lumpur hat bisher die Nase vorn. Doch Bangkok genießt einen guten Ruf unter den Reisenden. Als Schnäppchenparadies. Die ersten Aussichten sind vielversprechend.

Markenprodukte – billiger als billig. Ob Chanel, Versace oder Rolex. Die Märkte, Shops und Straßenhändler locken mit einer schier unglaublichen Auswahl an Designerstücken. Wie mittlerweile jeder weiß, sind die Produkte gefälscht. In Asien ist Produktpiraterie gesellschaftsfähig. Protzig aufgedruckte Designernamen leuchten wie die Augen der Verkäufer. „Rolex, 20 Euro", ruft einer, der mit seinem kleinen Bauchladen durch die Einkaufspassagen schlendert. Nein, danke. Die Kaugummiautomatenuhr kannst du behalten. Bangkok wirkt wie ein übergroßer Fischmarkt. Wer hat das Gerücht in die Welt gesetzt, Bangkok sei ein Shoppingparadies?
Die echten Marken sind teuer. Eine normale Jeans für 300 Euro. Die spinnen ja! Deshalb landet Bangkok am Ende abgeschlagen auf dem letzten Platz. Wir ärgern uns, den Endeinkauf auf diese Stadt verschoben zu haben. Doch das Erlebnis Bangkok war nur bezeichnend für die letzten zehn Wochen Asien. Der Kontinent war mit Abstand die größte Enttäuschung unserer Weltreise.

Auf den Märkten Thailands wird von Obst über Hühnerleber bis zu Bindfaden alles verkauft. Für uns Europäer ein gewöhnungsbedürftiger Anblick!

Bangkok. Flughafen. Leere erfüllt unsere Köpfe. Soll das alles gewesen sein? Die Weltreise ist vorbei. Wir haben viel gesehen und noch mehr erlebt. Als wäre es gestern gewesen, ertönt das Zeichen zum Einchecken. „Ding, dang, dong." Ein letztes Mal tüten wir unsere Rucksäcke in die großen Schutzfolien. Mittlerweile sind die Plastiktüten nicht mehr so hell wie zu Beginn unserer Reise. Öl von mexikanischen Bussen, Schmutz von den Flugförderbändern dieser Welt und Staub von den Straßen Asiens hängt an ihnen. Dafür strahlen unsere Rucksäcke noch wie neu. Fast jedenfalls.

Zum letzten Mal geben wir unser Gepäck auf und lassen unsere Pässe bei der Ausreise abstempeln. 30 verschiedene Stempel haben wir in 365 Tagen gesammelt. Andere schaffen mehr. Für viele Rucksackreisende ist es die Herausforderung ihres Lebens, irgendwann einmal alle Stempel im Pass zu haben. Diesem Lebensziel eilen wir nicht nach. Wir blicken sehnsüchtig in unsere Pässe. Der schönste Stempel kommt aus Indonesien – ein farbiger Aufkleber. Auch der chilenische wurde ansehnlich blau-rot auf das Papier aufgetragen. Am guatemaltekischen Stempel hängen viele zauberhafte Erinnerungen. Auch wenn wir jetzt Abschied vom Reisen nehmen. Es wird nur eine Abstinenz für kurze Zeit sein. Denn wir wissen, das Reisefieber packt uns wieder. Früher oder später. Im Moment macht sich aber nur Freude breit. Wer will es uns nach dem langen Abenteuer verdenken? Jetzt geht es nach Hause. Endlich!

Um kurz vor sieben Uhr morgens landet die Maschine in London Heathrow. Nach einem Jahr betreten wir wieder europäischen Boden. „Es ist ein kleiner Schritt für die Menschheit, aber ein großer Schritt für mich", scherzt Falk. Ein Shuttle-Bus bringt uns pünktlich vom Ankunfts- zum Abflugterminal des riesigen Flughafens. Im Wartebereich gönnen wir uns einen großen Kaffee. Der schmeckt zwar nicht wie bei unserer „Sprachmama" in Guatemala, dafür kommt er pünktlich und heiß. Ein Restaurantbetrieb, der zügig läuft. Zuverlässigkeit ist eine Tugend, die in Europa zu Hause ist.

Reisende kommen niemals wirklich an, sagt man. Doch als unsere Maschine um 11:35 Uhr auf deutschem Boden aufsetzt, haben wir das Ziel erreicht. Den Start- und Endpunkt der Weltreise: Berlin-Tegel. Vor 365 Tagen startete genau hier unser Flieger in die weite Welt. Den Status als Reisende geben wir an der Flughafengarderobe ab. Fürs Erste sind wir keine Reisenden mehr.

Wir wollen schnell raus – schließlich warten unsere Lieben draußen auf uns. Doch es staut sich an der Passkontrolle. Stück für Stück nähern wir uns dem Laufband mit unserem Gepäck und damit auch dem Ausgang. Nachdem die Zollbeamten uns kritisch beäugt haben, entlassen sie uns in die Heimat. Ohne Lächeln. Wir sind angekommen! In Deutschland. Unserer Heimat. Bei den Familien. Das ist es, was zählt!

Ziel

Kilometer: 65.000
Sonnentage: 280
Regentage: 85
Höchsttemperatur: +53 °C (Death Valley, USA)
Tiefsttemperatur: −20 °C (Antarctic Center, Neuseeland)
Neue Freunde: unzählbar
Krankheiten: keine
Tops: Mittelamerika, Neuseeland
Flops: Australien, Südostasien
Traumerlebnis: Sprachschule in Guatemala
Albtraumerlebnis: Raub in Kanada
Haarlänge bei Heimkehr: 20 cm (Falk), 5 cm (Jenni)
Kosten: 12.000 Euro pro Person

Weltansichten nach der Reise

Endlich wieder zu Hause! Wir sehnen uns nach einem geregelten Alltagsleben. • Ewig in Erinnerung bleiben die Ziele, von denen man vorher noch nie etwas gehört hat. • Die Grenzübergänge bergen keine Gefahren. Meist funktioniert alles reibungslos und der Einreisestempel ist schnell im Pass. • Wir haben uns in keinem Land der Welt weniger frei gefühlt als in den USA. • Mittlerweile haben wir in Deutschland konkurrenzfähige Reiseausstatter. Wir hätten auch daheim alles kaufen können. • Weder in den USA noch in Neuseeland oder Australien wollte man bei Polizeikontrollen unseren internationalen Führerschein sehen. Der EU-Führerschein hat gereicht. • Einen Kompass haben wir 365 Tage nicht gebraucht. • Es gibt in Mexiko und Mittelamerika fast nur Instantkaffee. • Gefährlich kann es überall auf der Welt werden. Straftaten passieren überall auf der Welt. • Nur Dschungel in Mittelamerika? In großen Teilen musste der Regenwald bereits asphaltierten Straßen weichen. • Niemand hat sich je für unseren Impfschutz interessiert.

Schlusswort

Lieber ein Ende mit Schrecken, als gar kein Ende. Wir sind wieder in Deutschland: Fußgänger stoppen an roten Ampeln, Autofahrer beachten Halteverbote, Kinder stecken Bonbonpapier fein säuberlich in die Hosentasche. Die Welt um uns herum ist scheinbar wieder „normal".

Ein gewohntes Frühstück mit Brötchen und Nudossi (Nuss-Nougat-Creme aus Sachsen) gehört zu einer unserer ersten Aktionen daheim. Darauf mussten wir 365 Tage lang warten. Wie ausgehungert beißen wir uns nun durch die knusprige Kruste. So zugeschlagen haben wir schon lange nicht mehr. Wen wundert's, gab es sonst mexikanischen Bohnenbrei, amerikanische Pancakes oder asiatische Fischsuppe zum Frühstück. Der 7-Tage-Job „Weltreise" hat manchmal sehr an den Nerven gezerrt. Jeden Tag standen wir früh auf der Matte, um ja nichts von der Welt zu verpassen. Da fuhr der Bus um Punkt 5.30 Uhr oder die Wandertour startete um sechs. Am Ende ziehen wir das Fazit: Eine Weltreise ist ein hartes Stück Arbeit. Doch dafür bekommt man Erinnerungen fürs Leben!

Einer der außergewöhnlichsten Schätze den wir gehoben haben, hat aber rein gar nichts mit der Weltreise zu tun: der Sinn für die Heimat packt uns in den ersten Tagen nach der Rückkehr. Wir besichtigen den Dom und das Hundertwasserhaus in Magdeburg. Ein Spaziergang entlang der Elbwiesen ist ebenso aufregend wie eine Kulturtour durch Stendal. Uns wird bewusst, dass wir der alltäglichen Heimat vor der langen Reise oft wenig Beachtung schenkten. Heute steigert sich unser Heimatgefühl in die Erkenntnis, wie schön wir es doch zu Hause haben.

Leider hält dieses Gefühl nicht lange. Je tiefer wir in den Alltag eintauchen, desto „unnormaler" erscheint plötzlich unser zurückgewonnenes Leben. Zeit konkurriert wieder mit Stress, Freundlichkeit verliert gegen Bürokratie und im Handumdrehen stehen wir an dem Punkt, der uns vor zwei Jahren dazu bewogen hat, aus diesem Alltag auszubrechen. Und eine Frage drängt sich erneut auf: Wann geht's wieder los?

Die Welle der Euphorie packt uns …

Wir machen eine Weltreise! Wir fahren einfach los. Wir packen unsere sieben Sachen. Wir steigen in den Flieger und weg sind wir!

Fortsetzung folgt …

2., verbesserte Auflage 2009

© mdv Mitteldeutscher Verlag GmbH, Halle (Saale)

www.mitteldeutscherverlag.de

Alle Rechte vorbehalten.

Gesamtherstellung: Mitteldeutscher Verlag, Halle (Saale)

ISBN 978-3-89812-588-8

Printed in the EU